Gerhard A. Spiller   Dem Uhu gilt mein erster Gruß

Gerhard A. Spiller wurde 1964 im niedersächsischen Ölsburg geboren. Nach einer Verwaltungsausbildung in Peine und dem Studium der Verwaltungswissenschaft in Konstanz am Bodensee arbeitet er seit 1994 als Kommunalbeamter in der Peiner Kreisverwaltung. Seit dem 26. im Ostermond 157 ist er Schlaraffe im Castellum Peinense.

Besuchen Sie ihn auf: <u>www.gerhard-spiller.de</u>

Die Schlaraffen finden Sie unter www.castellum-peinense.de

Gerhard A. Spiller

Dem Uhu gilt mein erster Gruß

Neue Fechsungen für die Schlaraffia

Herstellung und Verlag: BoD – Books on Demand, Norderstedt

Printed in Germany

ISBN 978-3-7557-0112-5

Titelfoto: Gerhard A. Spiller

Motiv: Eule im Peiner Stadtpark

Vorwort

Seit dem Erscheinen meines ersten Buches mit Fechsungen für die Schlaraffia ist eine vergleichsweise kurze Zeit verstrichen, in der sich schneller als gedacht eine Vielzahl von neuen Fechsungen angesammelt hat. Der Grund liegt in der Corona-Pandemie begründet, die vieles zum Stillstand gebracht hat. Auch die Schlaraffia war von dem wiederholt angeordneten Aussetzen des Vereinslebens betroffen, so dass keine Sippungen möglich waren. Allerdings haben zahlreiche Vereine der Schlaraffia Wege gefunden, um dennoch die Kunst fördern zu können. Die Bandbreite reichte dabei von Online-Zeitungen über Internetgruppen bis hin zur Möglichkeit der Veröffentlichung auf der Internetseite des jeweiligen Vereins.

Die Schlaraffia Peine hat den letztgenannten Weg gewählt und auf ihrer Internetseite eine ‚Virtuelle Rostra' geschaffen. Damit hatten alle Schlaraffen im Uhuversum sowie ihre Burgfrauen oder Burgwonnen die Möglichkeit, eigene Texte oder musikalische Darbietungen vorzustellen. Davon wurde rege Gebrauch gemacht, so dass der Netzvogt viel Arbeit beim Einstellen ins Internet gehabt hat.

Auch von mir sind dort diverse Texte enthalten gewesen. Da die Themen frei wählbar waren, konnte ich freier schreiben, als es während einer normalen Winterung mit der Orientierung an den Sippungsthemen möglich gewesen wäre. Zudem hat sich mit dem Ritter Seng-krates aus der Cell-Erika (Celle) die literarische Betrachtung über die Bedeutung von Vornamen ergeben. Ursprünglich als kleiner Scherz gedacht, hat sich ein munterer Austausch ergeben, der zahlreiche Texte hervorgebracht hat. Vor diesem Hintergrund ist das rasche Entstehen einer neuen Textsammlung leicht verständlich, die nun erstmals in Buchform erscheint.

Ich wünsche allen Lesern viel Vergnügen!

Ölsburg, im Herbstmond a.U. 162
Gerhard A. Spiller

Die Fechsungen

Fechsung 54
Mein Paradies

Ich habe das Paradies gesucht,
doch es zu finden war recht mühsam,
drum als dein Antlitz ich erblickte,
wusst' ich: Die Suche ist beendet.

Tief im Herzen ich konnt' es fühlen
und meine Seele es hat gehört,
die vielen magischen Momente,
die deine Anmut mir hat beschert.

Wenn ich vergleich dich mit der Sonne,
sie würd' erbleichen vor deinem Glanz,
denn wie ein grüner Baum das Auge
bezaubert dein Liebreiz meinen Geist.

Wie in einem Traum es schließlich war
an meiner Seite dich zu sehen,
vorüber all die leeren Stunden,
die verbracht ich hab in Einsamkeit.

Deine Lippen nichts müssen sagen,
es spricht dein Herz aus deinen Augen,
und wenn die Lippen mich dann küssen
hab ich mein Paradies gefunden.

Fechsung 55
Das Lieblingsgetränk von Otto Bögeholz

Es ist bereits sehr viel über Otto Bögeholz geforscht worden. Allerdings konzentrierte man sich dabei entweder auf seine Biographie oder auf die Entstehung und Inhalte seiner Werke. Über den Menschen Bögeholz ist dagegen so gut wie nichts bekannt. Um mit der Schließung dieser Lücke zu beginnen, habe ich mir die Frage nach seinem Lieblingsgetränk gestellt. Das dieses ein geistiges Getränk sein dürfte, ist sicher unstrittig.

Das älteste alkoholische Getränk ist das Bier, das schon ca. 8000 Jahre vor der profanen Zeitrechnung im Vorderen Orient gebraut worden sein soll. Seit etwa 4000 vor der profanen Zeitrechnung wird Wein angebaut und getrunken.[1] Im Laufe der Jahrhunderte sind beide Getränkearten nach Europa und damit auch nach Deutschland vorgedrungen. Dabei entwickelte sich die Art des Getränks zu einem Statussymbol: In Polen gilt beispielsweise Wein als Getränk der Mittelschicht, während Bier und Wodka Getränke der unteren Schichten sind. In Frankreich ist dagegen Wein ein Alltagsgetränk.[2] Auch in Deutschland entwickelten sich die Getränke zu Statussymbolen: Ursprünglich war hier seit dem Mittelalter Bier das Alltagsgetränk der Bauern und Handwerker.[3] Im 18. Jahrhundert wurde jedoch Branntwein, der bis dahin nur als Medizin in Apotheken verkauft wurde, bei den unteren Schichten sehr populär, da er das Hungergefühl verdrängte, in der kalten

Jahreszeit wärmte und billiger als Bier oder Wein war.[4] Da die Eltern von Otto Bögeholz arme Kleinbauern waren, die ihre ganzen Kräfte für den Kampf um das tägliche Brot aufwenden mussten[5], dürfte in der Familie Bögeholz der Branntwein stets präsent gewesen sein.

Mit der Rettung des Sohnes des Grafen von Ravensberg betrat Otto Bögeholz jedoch eine neue Welt.[6] Da in den ‚höheren Kreisen' der Weinkonsum bevorzugt wurde, ist sehr wahrscheinlich, dass auch Otto Bögeholz mit zunehmendem Alter durch seine Kontakte zur gräflichen Familie mit diesem geistigen Getränk in Berührung kam. Vielleicht auch schon mit der französischen Lebensart, denn bereits im Alter von 16 Jahren dichtete er 1821 das Gedicht ‚Die Forelle', in der mehrfach positive Bezüge zu Frankreich hergestellt werden.[7] Da dieses frühe Gedicht Otto Bögeholz zudem als Feingeist ausweist und Feingeister bekanntermaßen Wein gegenüber Bier oder gar Branntwein bevorzugen, scheint die Möglichkeit des Weingenusses im Kreise der Grafenfamilie Ottos Wesen zu entsprechen.

Im 19. Jahrhundert und damit zu Lebzeiten von Otto Bögeholz stieg in Deutschland der Branntweinkonsum so stark anstieg, dass von der ‚Branntweinpest' gesprochen wurde.[8] Ihr Schwerpunkt lag im Norden Deutschlands, während der Süden weiterhin Bier und Wein bevorzugte.[9] Dennoch dürfte sich Otto Bögeholz weiterhin vom Wein angesprochen gefühlt haben. Spätestens seine Reise zur Pariser Weltausstellung im Jahre 1855[10] brachte ihn mit der französischen Lebensart in

Berührung, die ihn offensichtlich so sehr beeindruckte, dass er später wegen seines Alters nur mühsam von der insgesamt dritten Paris-Reise abgehalten werden konnte.[11] Da in Frankreich Wein als Alltagsgetränk angesehen wurde, dürfte er auf Grund seiner Vorliebe für Frankreich nach seiner Rückkehr erst Recht den Wein anstelle des heimischen Branntweins bevorzugt haben. Es dürfte ihn erfreut haben, dass die Weinproduktion um 1860 einen Höhepunkt erlebte[12], aber der Import von amerikanischen Reben brachte auch die Reblaus als Schädling nach Europa[13], die den Weinbau im 19. Jahrhundert praktisch zum Erliegen brachte.[14] Dennoch steht trotz der gestiegenen Weinpreise angesichts seiner offensichtlichen Sympathie für Frankreich im hohen Alter[15] nicht zu erwarten, dass er den Wein gegen den heimischen Branntwein eingetauscht haben könnte.

Aber auch wenn Otto Bögeholz nach der hier vorgetragenen Indizienkette sehr wahrscheinlich ein Freund des Weines war, so war er doch auch bei all seinem dichterischen Ruhm dem einfachen Volke stets verbunden geblieben. Da dieses mit der Industrialisierung den Branntweinkonsum immer weiter erhöhte, ergriff die Regierung schließlich Maßnahmen zu dessen Eindämmung. Tatsächlich wurde dadurch der Branntweinkonsum reduziert, aber dafür verdoppelte sich der Bierkonsum[16], was sicher auf die günstigeren Bierpreise zurückzuführen sein dürfte. Die tiefe Verbundenheit des Otto Bögeholz mit der einfachen Dorfbevölkerung findet schließlich ihren letzten Nachweis in der Lieferung einer größeren Menge Schnaps durch die Brennerei Schlichte anlässlich seiner Beerdigung am 01. Juni 1895[17], denn trotz der stark gestiegenen Branntweinpreise ermöglichte er ‚seinen' Tatenhausenern den Genuss ihres geliebten Branntweins. Er selber hat aber nach Auswertung aller Indizien sehr wahrscheinlich den Wein bevorzugt.

Anmerkungen

1 Vgl. Wikipedia b, S. 1.

2 Vgl. Wikipedia b, S. 4.

3 Vgl. Wikipedia b, S. 8.

4 Vgl. Wikipedia b, S. 7.

5 Vgl. Zeitgeschichtlicher Abriss in: Otto Bögeholz, S. 7.

6 Vgl. Zeitgeschichtlicher Abriss in: Otto Bögeholz, S. 7f.

7 Vgl. Sym-Pathos von Lulupinien, S. 2.

8 Der Branntwein-Pro-Kopf-Verbrauch (gemessen in reinem Alkohol) lag in Preußen um 1800 bei 2 bis 3 Litern. In den 1830er und 1840er Jahren betrug der Verbrauch mehr als 8 Liter, einzelne Provinzen in Brandenburg lagen sogar bei 13 Litern, vgl. Unbekannt, S. 7. Dort findet sich auf S. 7f. eine Aufstellung des Branntwein- Bier- und Weinverbrauchs.

9 Vgl. Unbekannt, S. 7.

10 Vgl. Zeitgeschichtlicher Abriss in: Otto Bögeholz, S. 10.

11 Vgl. Zeitgeschichtlicher Abriss in: Otto Bögeholz, S. 11.

12 Vgl. Wikipedia a, S. 9.

13 Vgl. Wikipedia a, S. 9.

14 Vgl. Deutsches Weininstitut (Hg.), S. 1.

14

15 Als Beleg mag sein Wunsch einer dritten Paris-Reise im Jahre 1889 dienen, vgl. Zeitgeschichtlicher Abriss in: Otto Bögeholz, S. 11.

16 Vgl. Unbekannt, S. 8.

17 Vgl. Zeitgeschichtlicher Abriss in: Otto Bögeholz, S. 12.

Fechsung 56

Brunos Griff nach der Krone

Man schrieb das Jahr 1002 der profanen Zeitrechnung. König Otto III. war kinderlos gestorben[1] und der Kampf um seine Nachfolge entbrannt. Als aussichtsreichster Kandidat galt Herzog Heinrich IV. von Bayern, der von der Abstammung her die beste Ausgangslage hatte und zudem handstreichartig die ‚Heiligen Lanze‘, eines der zentralen Symbole des Reiches, an sich gebracht hatte.[2] Zum engeren Kreis seiner Konkurrenten gehörten Markgraf Ekkehard von Meißen und Herzog Hermann II. von Schwaben.[3]

Wenn es einen engeren Kreis von Mitbewerbern gab, liegt es in der Natur der Sache, dass auch ein erweiterter Kreis existierte. Zu diesem gehörte Graf Bruno von Braunschweig.[4] Dieser hatte jedoch das Problem, dass Bischof Bernward von Hildesheim einen anderen Favoriten hatte und somit gegen Bruno Position bezog. Mit Erfolg, und so musste Bruno seine Bestrebungen zur Erlangung der Königswürde aufgeben. Das erboste ihn so sehr, dass ihm von Stund an Bischof Bernward so verhasst war, dass Bruno „eine möglichst große Schar zum Verderben des Bischofs und zum Schaden der Hildesheimer Kirche bewaffnete und wiederholt Raub- und Beutezüge gegen die Besitzungen und die Leute des Bischofs unternahm".[5] Unterstützt wurde er dabei möglicherweise von Graf Altmann von Arlesburch (heute Ölsburg, Gemeinde Ilsede, Landkreis Peine). Ölsburg/Arlesburch war bis in die Neuzeit eine Braun-

16

schweiger Exklave mitten in Hildesheimer Gebiet und damit einmal mehr Kriegsschauplatz.[6]

Der Vollständigkeit halber sei erwähnt, dass schließlich Herzog Heinrich IV. von Bayern zum König gewählt wurde und den Thron unter dem Namen Heinrich II. bestieg. Diese kurze Darstellung zeigt, wie spannend die Beschäftigung mit Geschichte sein kann.

Anmerkungen

1 Vgl. Gerhard A. Spiller: Wer war Graf Altmann?, Eine Spurensuche. In: Kreisheimatbund Peine e.V. (Hg.): Altmann, Sanders, v. Saldern – Peiner Persönlichkeiten II. Band 5 der Schriftenreihe des Kreisheimatbundes Peine. Peine 2006, S. 3- 99, hier: S. 8.

2 Vgl. Wolfgang E. Reddig: Heinrich II., Leben, Zeit und Welt. Bamberg 2002, S. 13.

3 Vgl. Wolfgang E. Reddig, a.a.O., S. 15.

4 Vgl. Vita Bernwardi C. 38, SS IV 775 und Vita Meinwerci C. 7, S. 13 f., beide hier zitiert nach der Internetveröffentlichung unter http://www.genealogie-mittelalter.de, zuletzt eingesehen am 20.12.2004.

5 Thangmar: Vita Bernwardi, Kapitel 38, S. 775, hier zitiert nach der Internetveröffentlichung unter http://www.genealogie-mittelalter.de, zuletzt eingesehen am 20.12.2004.

6 Vgl. Gerhard A. Spiller, a.a.O., S. 52 f. Dort findet sich auch der Hinweis, dass mit Graf Bruno ein Graf von Werl gemeint sein könnte.

Fechsung 57
Endlich wieder Sippungszeit 2

Endlich wieder Sippungszeit!
Der ‚Güldne Ball' liegt schon bereit,
auf dass er wieder fliegen kann
von Sass' zu Sass', von Mann zu Mann.

Die Sommerung war arg langweilig,
drum streben die Schlaraffen eilig
nun zur Burg gar froh beschwingt,
damit man fröhlich fechst und singt.

Lasst uns die Sippungszeit genießen
sie nicht durch Profanei vermiesen,
lasst Frohsinn walten, Heiterkeit
im Uhuversum weit und breit.

Fechsung 58

Junkers Freud, Junkermeisters Leid

gewidmet meinem ehemaligen Junkermeister

Ritter The-Es-Vau (241)

Als Junker kann man sein gar vorlaut,

doch wenn Groll sich mal zusammenbraut,

ihn der Junkermeister bekommt ab

- und alle Junker sich lachen schlapp.

Fechsung 59

Ein bemühter Dichter

Die Sippung heute passt in kein Schema,

denn für diesmal bleibt sie ohne Thema,

ich hoffe, mir fällt dennoch etwas ein,

ein Satz voll Humor, dazu sprachlich fein.

Doch zweifle ich stark, ob es wird klappen,

denn schon nach Luft ich muss heftig schnappen,

voll Qual, weil keine Idee ich habe,

trotzdem ich tüchtig vom Kaffee labe.

Doch schließlich mir die Erkenntnis deucht,

dabei mir wird führwahr das Auge feucht,

das ich steck heut in einer Krise drin,

ich dieses Mal leider kein Dichter bin.

Besser als ich wird heut sein ein jeder,

drum leg beiseite ich meine Feder,

damit zugleich, es ist kein echter Graus,

ist diese Kritzelei nun endlich aus.

Fechsung 60

Das Venedig von Niedersachsen

Drei Flüsse ziehn durchs Peiner Land,
auch ein Kanal sein Bett hier fand,
doch all dies nutzt man nicht gerne,
fährt stattdessen in die Ferne.

Zum Beispiel zur Lagunenstadt,
obschon man hier viel Bessres hat,
doch diese Einsicht fällt sehr schwer,
drum müssen Argumente her:

Venedigs Kanäle sind arg klein,
dazu sie riechen gar nicht fein,
der Mittellandkanal ist breit
und ein Muster an Reinlichkeit.

Venedigs Gondeln sind sehr eng,
man fühlt sich darauf ungelenk,
dazu der Brühe übler Duft,
da ringt man schnell nach guter Luft.

Hier man auf einem Frachter reist
und den Bewegungsspielraum preist,
und statt Gondolieri falscher Sang
erfreut bei uns euch Radioklang.

In Venedig man preist Brücken,

die ‚Seufzerbrücke‘ soll entzücken,

dabei enttäuscht du doch nur bist,

wenn du erst drüber gegangen bist.

Die Herta-Peters-Brücke hier

indes ist eine wahre Zier,

einst aus Tropenholz errichtet,

erfreut sie jeden, der sie sichtet.

Für Freunde der modernen Welt

sind Autobrücken hingestellt,

ein ganz besonderer Augenfang,

vor allem beim Sonnuntergang.

Venedig ist ein Ziel von gestern,

das zu sagen ist kein Lästern,

denn auch durchs schöne Peiner Land

zieht ein Kanal sein breites Band.

Wollt ihr also mal verreisen,

lasst euch Venedig nicht anpreisen,

fahrt stattdessen ins Peiner Land,

wo schon Bodenstedt Erholung fand.

Fechsung 61
Ein Auftrag für Gevatter Tod

Einst Gott sprach zu Gevatter Tod:
„Im Paradies wir haben Not!
Immer länger leben Männer,
sagen mir Statistikkenner,
also braucht es schöne Frauen,
dann Männer sich zu sterben trauen.
So sage ich als Chef zu dir:
Bring viele schöne Frauen mir!
Doch bring sie mir, das sag ich schlicht,
ganz heil, denn puzzeln mag ich nicht."

Der Tod vorm Chef erst stramme stand,
dann nahm den Laptop er zur Hand,
gab Filter in Dateien ein,
zu sehn, wer könnte Opfer sein.
Als er wollt die Frauen holen,
traf Ablehnung ihn unverhohlen,
denn wenn er sprach so kalt wie Stein:
„Ich bin der Tod, du bist nun mein",
herrschte erst verblüfftes Schweigen,
dann trafen schnell ihn die Ohrfeigen.

So etwas hat er nicht gekannt,
es als respektlos er empfand,
doch tat der Tod recht bald einsehn,
dass es brauchte neue Ideen.
Drum er plante etwas Neues,
doch es durfte sein nichts teures,
deshalb er einen Trick ersann
und einen teuflisch Plan drum spann:
Überall er gab den Macher,
der wollt starten einem Kracher.

Seine Botschaft war verständlich,
wandte an junge Frauen sich:
„Ich mache Deine Träume wahr,
in kurzer Zeit du bist ein Star!"
Da rannten viele Frauen los,
dachten an ihren Status bloß,
die irdisch Frauen, lieblich, rein,
drangen in Scharen auf ihn ein,
sein Auftrag fast erfüllet war,
doch fühlte er sich wie ein Star.

Frauen lagen ihm zu Füßen,

kreischten, wenn er sie tat grüßen,

dabei er es auch sehr bunt trieb

- und drum auf dieser Erde blieb.

„Es gefällt mir, hier bin ich wer,

das geb' so schnell ich nicht mehr her!"

So er wird noch lange bleiben

und seine Castingshow betreiben.

Gott dagegen muss noch warten

und eine andre Werbung starten.

Fechsung 62

Vorrede

Die Burgfrau sie bekommt Geschenke,
doch, Ritter, bitte stets bedenke,
dass auch die Burgwonne, die Süße,
muss bekommen Geschenk und Grüße.
Ein Handtuch scheint mir hier gelungen,
warum, wird vom Dichter so besungen:

Das Handtuch

Das Handtuch meiner Freundin
beneide ich gar sehr,
stets es sieht ihr lieblich' Kinn,
dazu auch noch viel mehr.

Beine, Busen und Wangen
darf es von Liebchen sehn,
derweil ich voll Verlangen
muss vor der Haustür stehn.

Das Handtuch dich darf kosen,
vollkommen ungeniert,
derweil mein Herz tut tosen,
nach deinem Leib stark giert.

Um deine Gunst ich ringe
tagtäglich wieder neu,
doch wenn die Liebe ginge,
das Handtuch bleibt dir treu.

Fechsung 63

Lob an die Schlaraffia

Schlaraffia, dich mag ich sehr,
denn du bist Spiel und noch viel mehr,
denn schaut man an dich etwas näher,
förderst die Kunst du schon seit jeher.

In heut'ger Zeit ist's lobenswert,
auch wenn's die Dichter nicht ernährt,
doch Kunst ist wunderschön und rein,
verzaubert uns mit schönem Schein.

Drum lässt du Sassen weiter dichten,
tust nicht zu streng über sie richten,
damit sie froh von dannen gehn,
bald schon wieder in der Rostra stehn.

Dafür ich sage Lob und Dank,
erhebe den Becher mit kühlem Trank,
und ruf' mit allen laut im Saal:
„Auf die Kunst als unsre Labsal!"

Fechsung 64

Die Zeiten ändern sich

Es gibt der großen Namen gar viele,
früher waren sie in aller Munde,
heute wetzt man dagegen die Kiele,
in Klatschspalten machen sie die Runde.

Große Namen trugen Apfelsorten
wie ‚Großherzog Friederich von Baden',
den man fand hinter gar vielen Pforten
an Bäumen, die mit ihm vollgeladen.

Am ‚Fürst Blücher' hat man sich oft gelabt,
am ‚Hadelner Sommerprinz' ebenso,
‚Agathe von Klanxbüll' hat man gehabt,
die alten Sorten machten Menschen froh.

Vorbei sind der alten Sorten Zeiten,
heute gibt es ‚Cox' und noch viele mehr,
die zum Kaufe uns sollen verleiten,
doch geschmacklich machen sie nicht viel her.

Klangvolle Namen wie alter Adel
nur aus den Klatschspalten wir sie kennen,
wenn sie gehen fehl und brauchen Tadel,
kein Obst wird man nach ihnen benennen.

So schnell können sich die Zeiten ändern,
schon sind die alten Äpfel aus dem Sinn,
dafür kennen wir aus andren Ländern
die Edelleute und die Königin.

Fechsung 65

Schlaraffia – Wie alles begann...

Nun begab es sich um das Jahr 1855 herum, dass ein junger Klabautermann seinen ersten Dienst als Schiffsgeist aufnahm und zur See fuhr. Leider bekam ihm das überhaupt nicht, denn er wurde immerzu seekrank. Da nahm ihn schließlich Papa Klabautermann beiseite und sagte: „Junge, das Meer ist nichts für dich. Versuch es doch mal mit der Flussschifffahrt."
Also ging Klabautermann junior auf ein Ausflugsschiff, das immerzu einen Fluss namens Moldau hinauf- und hinunterfuhr. Nun wurde er nicht mehr seekrank, weil er ja immerzu das Ufer sah. Außerdem hat es ihn unbändig gefreut, stets neue Menschen um sich zu haben. Da ein Klabautermann ja ein feinstoffliches Wesen ist, konnte er die Menschen ungesehen belauschen. Dabei hörte er die Leute oft vom Deutschen Theater in Prag schwärmen, wo offensichtlich ganz tolle Stücke aufgeführt wurden. Das klang unglaublich lustig, und so beschloss Klabautermann junior, beim nächsten Aufenthalt in Prag das Theater aufzusuchen und sich ein eigenes Bild zu machen.
Gesagt, getan! Es war Ende des Jahres 1858, als das Ausflugsschiff wieder in Prag anlegte. Sofort ging Klabautermann junior an Land und besuchte das Deutsche Theater. Er war von der gesamten Atmosphäre begeistert! So kam es, dass er fortan bei jedem Anlegen in Prag das Deutsche Theater auf-

suchte, und sich als feinstoffliches Wesen unbemerkt hinter den Kulissen herumtrieb.

Wie er da eines schönen Tages im Frühjahr 1859 mal wieder hinter den Kulissen war, hörte Klabautermann junior zornige Stimmen. Sofort war seine Neugier geweckt und so erfuhr er, wie sich der Theaterdirektor Franz Thomé gar fürchterlich über eine ‚Kunstliebende Gesellschaft' aufregte, weil einer seiner Leute dort als angeblicher ‚Proletarier' abgelehnt worden war. Das erinnerte Klabautermann junior an seine Zeit auf See – wenn es da ungerecht zuging, kam es zur Meuterei.

Sofort sprang Klabautermann junior dem Direktor auf die Schulter und flüsterte ihm zu: „Ignorier die Trottel von der ‚Kunstliebenden Gesellschaft' und mach mit deinen Getreuen einen eigenen Verein auf." Im gleichen Moment, wie sich diese Worte im Bewusstsein des Direktors Thomé entfalteten, war von draußen der Ruf eines Uhus zu hören. Das wertete der Direktor als Omen und sofort machte er sich daran, einen neuen Verein zu gründen, der schließlich ‚Schlaraffia' getauft wurde. Wegen des Uhu-Rufes glaubte der Direktor, dass ihm dieser die Idee zur Vereinsgründung eingeflüstert hätte. Also wurde der Uhu zum Wappentier der Schlaraffia, aber eigentlich hat den Anstoß zur Gründung dieses Bundes ein seekranker Klabautermann gegeben.

So, nun gehe ich einen zwitschern.

Macht's gut, Ahoi und Lulu!

Fechsung 66

Das Moor ist nicht allein zum Schutze da

(nach der Melodie von ,Die Nacht ist nicht allein zum Schlafen da)

Strophe 1:

Wenn die Ritter sippen gehn

und sind frohen Mutes,

weiß ein jeder gleich Bescheid,

dass Humor sie frönen.

doch am Ende sind sie wach,

einfach noch nicht müde.

Freundschaftsbund, Freundschaftsbund,

loben sie beim Weine.

Refrain 1:

Das Moor ist nicht allein zum Schutze da,

es kann auch ganz verschwiegen sein,

es schützt nicht nur vor eines Feindes List,

das Moor bewahrt vor manch kritisch' Blick.

Berauscht euch nächtens an des Reyches Macht,

genießt den köstlich' Augenblick,

die Nacht, die ihr mit Sippen habt verbracht

bedeutet euch Glückseligkeit.

Strophe 2:

Wenn die Nacht hinab sich senkt
und die Burg verhüllet,
sind die Ritter sicher müd'
von dem langen Tage,
doch die Junker, Knappen nicht,
sie woll'n was erleben!
Sinnlichkeit, Sinnlichkeit,
danach gilt ihr Streben!

Refrain 2:

Das Moor ist nicht allein zum Schutze da,
es kann auch sehr romantisch sein,
das lernen Junker und die Knappen schnell,
wenn sie schau'n auf ihrer Ritter Tun.
Berauscht euch nächtens an der Liebe Macht,
genießt den zärtlich' Augenblick,
die Nacht, die ihr mit Liebchen habt verbracht
bedeutet euch Glückseligkeit.

Strophe 3:

Auch die Burgfrau ist nicht dumm,

sie will Spaß auch haben,

ist der Ritter aus dem Haus,

lässt sie Frauen kommen,

dann ist Klatschen angesagt

und natürlich Lästern.

Tratscherei, Tratscherei,

in des Ritters Heimburg!

Refrain 3:

Das Moor ist nicht allein zum Schutze da,

es kann auch schnell viel Klatsch liefern,

das lernen Burgfrau'n und die Wonnen schnell,

wenn sie schau'n auf anderer Leute Tun.

Berauscht euch nächtens an des Klatsches Macht,

genießt den sabbelnd' Augenblick,

die Nacht, die ihr mit Tratschen habt verbracht,

bedeutet euch Glückseligkeit.

Fechsung 67
Ein Irrtum

Es lächelt die Frau im Badeanzug,
während sie mir einen Blick zusendet,
davon werde ich gar sehr geblendet,
und überlege, was nun wäre klug.

Sitze ich auf einem gemeinen Trug,
bei dem meine Liebe wird verschwendet,
bei dem es meistens gar hässlich endet,
weil das Schicksal mich mit Blindheit schlug?

Ich spüre, dass meine Zeit wird sehr knapp,
drum will ich nun nicht zögern länger mehr,
und springe rasch von meiner Decke auf.

Ich eile der Frau nach in leichtem Trab,
worauf sie sich umdreht und wundert sehr:
eine Verwechslung, ich kam zu spät drauf.

Fechsung 68

Die Quelle von Aufklärung und Humanismus
im Werk von Otto Bögeholz

Im Jahre 1821 und damit im Alter von sechzehn Jahren hat Otto Bögeholz das Gedicht ‚Die Forelle' geschrieben.[1] Der Ruhm, dieses für das Verständnis des Werkes von Bögeholz immens wichtige Werk gerettet zu haben, gebührt dem Ritter Sym-Pathos[2].

Bei der Analyse dieses Frühwerks hat besonders die Zeile „und flüchteten retour" die Aufmerksamkeit von Sym-Pathos erregt. Er hat zu Recht hervorgehoben, dass die Verwendung eines französischen Wortes in einem Gedicht von einem Deutschen im Jahre 1821 „provozierend kühn und feinsinnig-kritisch zugleich" sei, weil die Freiheitskriege gegen Napoleon[3] noch gegenwärtig waren.[4] Womit wir bei der Frage wären, wo diese überaus interessante Haltung des jungen Bögeholz her-rühren könnte.

Betrachtet man ‚Die Forelle' genauer, erkennt man darin so-wohl Gedanken des Humanismus als auch der Aufklärung: Während mit der Aufklärung im Zeitraum von etwa 1650 bis 1800 das rationale Denken alle den Fortschritt behindernden Strukturen überwinden wollte[5], war der Humanismus seit dem 18. Jahrhundert bemüht, eine optimistische Einschätzung der Fähigkeit des Menschen zu einer besseren Existenzform zu finden[6]. Beides findet sich in dem Gedicht ‚Die Forelle' wieder, denn sowohl die Verwendung eines französischen Begriffes zum Zeichen der Überwindung einer uralten Feindschaft, die den Fortschritt in beiden Ländern behinderte, als auch die Bereitschaft des jungen Otto Bögeholz, sich auf die Diskussion mit der Forellenmutter einzulassen und ihren Argumenten schließlich nachzugeben, belegt die Gedanken von Aufklärung und Humanismus im Werk von Bögeholz. Doch wie konnte er schon in so jungen Jahren die Kerngedanken dieser beiden Denkrichtungen kennen?

Nun, ein Hinweis findet sich in seiner Biografie. Wie hinreichend bekannt ist, hat der fast zehnjährige Bögeholz im Jahre 1815[7] einem Sohn der Grafen von Ravensberg das Leben gerettet. Das war der Beginn einer Knabenfreundschaft, die auch die Vermittlung von Bildung auf dem Niveau der Standesschule beinhaltete[8], also über das übliche Maß einer solchen Freundschaft hinausging[9]. Damit stand Bögeholz der Weg in die Schlossbibliothek offen. Es ist sehr wahrscheinlich, dass er dort mit den Werken Voltaires[10] in Berührung kam. Dafür spricht auch, dass die Diskussion im Gedicht ‚Die Forelle' bezüglich des Aufbaus und des Verlaufs große Ähnlichkeit mit dem Text ‚Der ehrliche Hurone' von Voltaire[11] aufweist.

Dass sich die Schriften Voltaires im Bücherschrank des Grafen Ravensberg befunden haben dürften, liegt auf der Hand: Voltaire hatte seit 1734 eine reiche literarische und wissenschaftliche Tätigkeit entfaltet und zudem regen Kontakt zu Friedrich II. von Preußen. Am 10. Juli 1750 trafen sich die beiden in Potsdam, wo Voltaire bis zum 26.03.1753 verblieb.[12] Die Beziehung zwischen Friedrich II. und Voltaire dauerte insgesamt 42 Jahre an, da dieser viel von dem „größten auf- geklärten Philosophen seiner Zeit" lernen wollte.[13] Da viele Adlige dem Monarchen nacheiferten, dürften sie ebenfalls die Schriften Voltaires und anderer Aufklärer erworben und stu- diert haben. Nachdem Bielefeld und damit auch Tatenhausen ab 1815 zur Provinz Westfalen des Königreichs Preußen ge- hört haben[14], erscheint es jedenfalls als sehr wahrscheinlich, dass der Graf von Ravensberg diese Titel in seiner Bibliothek geführt hat, wo sie schließlich dem jungen Otto Bögeholz zu- gänglich wurden.

Damit kann der Ursprung der Gedanken von Aufklärung und Humanismus im Werk des jungen Otto Bögeholz als geklärt betrachtet werden. Fraglich ist nur, ob er sich die Inhalte auto- didaktisch beigebracht hat oder ob es ihm bei der Vermittlung von Bildung auf dem Niveau der Standesschule[15] beigebracht wurde. Es wäre auch denkbar, dass der Graf von Ravensberg ihn hierbei unterstützt haben könnte.

Zusammenfassend lässt sich festhalten, dass der vom Huma- nismus in den Mittelpunkt gestellte rational und selbstbestimmt handelnde Mensch durch die Aufklärung weiter zum Subjekt wurde, das auf intellektueller Ebene die Befreiung von über- kommenen Dogmen und Vorurteilen vorantrieb.[16] Beides fin- det sich im Gedicht ‚Die Forelle' wieder: Der junge Bögeholz entschließt sich aus eigenem Antrieb, mit der Forelle zu disku- tieren und bricht bei der Niederschrift des Textes durch die Verwendung des Wortes ‚retour' bewusst mit dem Dogma der Pflege einer Feindschaft zwischen zwei Völkern. Damit führt er den damaligen Ideologen die Realität vor Augen, wie es auch Voltaire in seinem Text ,Der ehrliche Hurone' tut. Durch diese Ähnlichkeit wird der Einfluss von Voltaire auf den jungen Otto Bögeholz deutlich, woraus sich eindeutig Voltaire als Quelle von Aufklärung und Humanismus im Werk von Otto Bögeholz identifizieren lässt.

Anmerkungen

1 Vgl. Sym-Pathos von Lulupinien, S. 2. Dieses Werk findet sich in einem alten Vereinsregister des Tatenhausener Jäger- und Anglerbundes e.V. und datiert auf das Jahr 1821, vgl. Sym-Pathos von Lulupinien, S. 1.

2 Der vollständige Name lautet Ritter Sym-Pathos von Lulupinien. Er ist Ehrenritter in der Cell-Erika und Bögeholzritter.

3 Die französische Herrschaft in Deutschland brach erst nach der französischen Niederlage in der Völkerschlacht bei Leipzig 1813 zusammen, vgl. Harenberg Kommunikation Verlags- und Mediengesellschaft GmbH & Co. KG (Hg.): Geschichte der Deutschen. Chronik Verlag, Dortmund 1983, S. 477.

4 Vgl. Sym-Pathos von Lulupinien, S. 2.

5 Vgl. Wikipedia a, S. 1.

6 Vgl. Wikipedia b, S. 1.

7 Eigene Berechnungen auf Grundlage der bekannten biografischen Daten.

8 Vgl. Zeitgeschichtlicher Abriss in: Otto Bögeholz: 2016, S. 7f.

9 Vgl. exemplarisch die geschilderte Freundschaft zweier Knaben bei Heinrich Spiller, 2015, S. 39-85 (Hans Meller und Gustel Sigert) sowie S. 92 i.V.m. 105f. (Hans Meller und Gerhard Alder). Anzu-

merken ist, dass sich Heinrich Spiller in diesem Text selber ‚Hans Meller' nennt.

10 Voltaire, eigentlich Francois-Marie Arouet (geboren am 21.11.1694 in Paris und gestorben am 30.05.1778 ebenda), ist einer der meistgelesenen und ein flussreichsten Autoren der Aufklärurg, vgl. Wikipedia c, S. 1.

11 Vgl. Voltaire 1993, S. 288-365.

12 Vgl. Zeittafel. In: Voltaire 1993, S. 785f.

13 Tobias Meyer 2000, Kap. 2.2.

14 Nach dem Wiener Kongress wurde Preußen 1815 in zehn Provinzen eingeteilt, darunter Westfalen. Von 1815 bis 1918 war die Provinz Westfalen eine Provinz des Königreichs Preußen, von 1918 bis 1946 eine Provinz des Freistaats Preußen, vgl. Wikipedia d, S. 1.

15 Vgl. Zeitgeschichtlicher Abriss in: Otto Bögeholz: 2016, S. 7f.

16 Vgl. Unbekannt, o.J. S. 1.

Literaturverzeichnis

Bögeholz, Otto: Alles ist Gefühl. 3. Auflage, Celle 2016

Harenberg Kommunikation Verlags- und Mediengesellschaft GmbH & Co. KG (Hg.): Geschichte der Deutschen. Chronik Verlag, Dortmund 1983

Meyer, Tobias: Friedrich II. (der Große) und die Aufklärung. Studienarbeit, Grin-Verlag. Onlinepublikation 2000 unter https://www.grin.com/document/99574, zuletzt eingesehen am 16.02.2020

Spiller, Heinrich: Der tote Heiland, Jugend- und Bildungsroman. In: Heinrich-Spiller-Werkausgabe, Bd. 4: Autcbiografische Texte. Verlag Books on Demand, Norderstedt 2015

Sym-Pathos von Lulupinien, Ehrenritter der Cell-Erika und Bögeholzritter: Die Forelle. Analyse vom 27. im Brachmond a.U. 128

Unbekannt: Aufklärung und Humanismus, Novo-Argumente für den Fortschritt. Internetveröffentlichung unter https://www.novo-argumente.com/thema/aufkaerung_humanismus, zuletzt eingesehen am 17.02.2020

Voltaire: Der ehrliche Hurone. In: Sämtliche Romane und Erzählungen. Einmalige Sonderausgabe, Verlag Artemis und Winkler, München 1993

Wikipedia a: Aufklärung. Internetveröffentlichung unter https://de.wikipedia.org/wiki/Aufklärung, zuletzt eingesehen am 18.02.2020

Wikipedia b: Humanismus. Internetveröffentlichung unter https://de.wikipedia.org/wiki/Humanismus, zuletzt eingesehen am 18.02.2020

Wikipedia c: Voltaire. Internetveröffentlichung unter https://de.wikipedia.org/wiki/Voltaire, zuletzt eingesehen am 16.02.2020

Wikipedia d: Westfalen. Internetveröffentlichung unter https://de.wikipedia.org/wiki/Provinz-Westfalen, zuletzt eingesehen am 16.02.2020

Fechsung 69

Taktischer Rückzug

Ein Ritter tut gern einen saufen,

danach er möchte richtig raufen,

doch wenn die Gegner sind ein Haufen,

tut wie ein Hase er schnell laufen.

Fechsung 70

Vielschichtige Sprache 2[1]:

Herkunft der Begriffe ‚Fechsung' und ‚fechsen'

Zum Schlaraffentum gehört es dazu, dass Sassen in die Rostra steigen und eine Fechsung zu Gehör bringen. Dabei handelt es sich nach schlaraffischer Definition um eigene „Erzeugnisse in Poesie, Prosa oder Musik"[2]. Allerdings wird selten hinterfragt, welchen Ursprung das Wort ‚Fechsung' und die daraus erfolgte Ableitung ‚fechsen' haben könnte.

Der Begriff ‚Fechser' hat ursprünglich zwei profane Bedeutungen: Zum einen bezeichnet man in der Biologie als ‚Fechser' die im Unterschied zum natürlichen Trieb zwecks vegetativer Vermehrung geschnittenen Stecklinge. Ein Fechser ist in diesem Zusammenhang somit der Teil einer Pflanze, der in ein Kultursubstrat gesteckt wird, damit er eigene Wurzeln schlägt und sich zu einer neuen, selbständigen Pflanze entwickelt.[3]

Des Weiteren hat der Begriff ‚Fechser' aber auch die allgemeine Bedeutung für ‚Ernte', im Österreichischen speziell für den Weinbau die Bedeutung ‚Weinlese'.[4] Fügt man die beiden Bedeutungen ‚Steckling, aus dem sich eine selbständige Pflanze entwickelt', und ‚Ernte' zusammen, wäre eine Fechsung im schlaraffischen Sinne also das Ergebnis einer selbständigen Handlung im Bereich Poesie, Prosa oder Musik, also sozusagen die Ernte der eigenen Bemühungen.

Geht man von dem Hauptwort ‚Fechser' auf das Verb ‚fechsen' über, so erhält man die Definition ‚ernten'.[5] Ritter Feder-

Weiß aus der Strubinga (Reychsnummer 223, profan Straubing) hat in seiner Ritterarbeit zum Ausdruck gebracht, dass mittels einer Fechsung mehr oder weniger souverän mit sämtlichen dichterischen Formen und künstlerischen Darbietungsweisen gespielt werden soll.[6] Anders ausgedrückt soll spielerisch etwas Dichterisches oder Künstlerisches dargeboten und somit von den Zuhörern ‚geerntet' werden.

Nun könnte man meinen, dass damit die Herkunft der Begriffe ‚Fechsung' und ‚fechsen' hinreichend geklärt sein würde. Leider ist es nicht ganz so einfach, denn es ist auch als eine Abwandlung des Begriffes ‚Fex' denkbar: Im österreichischen und im süddeutschen Raum bedeutet dies meist in (spontaner) Zusammensetzung soviel wie ein ‚leidenschaftlicher, begeisterter Anhänger von etwas' zu sein.[7] Das davon abgeleite Verb wäre dann ‚fexen'[8] und dürfte für ‚einer Sache leidenschaftlich, begeistert anhängen' stehen. Da es sich bei Fechsungen im schlaraffischen Sinne um „Erzeugnisse in Poesie, Prosa oder Musik"[9] handelt, könnte als Ursprung also auch das leidenschaftliche und begeisterte Anhängen an künstlerische Darbietungen gesehen werden.

Doch es gibt noch einen weiteren denkbaren Ursprung, nämlich ‚fechten' oder ‚Fechten gehen'. Diese Form war noch im 19. Jahrhundert weit verbreitet. ‚Fechter' waren hungernde Menschen, oftmals Invaliden oder Behinderte. Sie zogen von Tür zu Tür und trugen je nach Können etwas vor, oftmals Bibelverse oder ein kleines Lied. Als Gegenleistung bekamen sie ein paar Pfennige (was damals viel Geld war) oder eine warme Mahlzeit. ‚Fechteten' sie vor den Türen von Leuten, die selber arm waren, gab es entweder etwas Brot oder schlicht nichts.[10] Der Begriff ‚Fechten gehen' ist heute in dieser Bedeutung unbekannt. Da man bei den Schlaraffen jedoch gewöhnlich nach einer Fechsung einen ‚Ahnen' erhält und manche Sassen danach geradezu gieren, wäre jedoch ein Ursprung des Begriffes ‚fechsen' von ‚fechten gehen' ebenfalls nahe liegend. Dies umso mehr, als bei Gründung der Schlaraffia im Jahre 1859 das ‚fechten gehen' noch weit verbreitet war und sich die Schlaraffia ursprünglich als ‚Proletarier-Club' gegründet hatte[11].

Abschließend ist also festzuhalten, dass der Begriff ‚Fechsung' und die daraus erfolgte Ableitung ‚fechsen' mehrere Ursprünge haben kann. Da jedoch alle denkbaren profanen Definitionen durchaus mit der schlaraffischen Verwendung in Einklang zu bringen sind, ist auch eine bewusste Einführung dieser Begriffe durch die Urschlaraffen gerade wegen der vielfältigen Interpretationsmöglichkeiten bei Verschmelzung der unterschiedlichen Definitionen zu einem neuen und somit schlaraffischen Begriff denkbar. Einmal mehr zeigt sich, wie vielschichtig die deutsche Sprache sein kann.

Anmerkungen

1 Die erste Fechsung dieser Reihe ‚Wesen und Zweck einer Lüge' ist als Fechsung 49 im Band ‚Ich grüße den Uhu' enthalten.

2 § 22 Ceremoniale in der Fassung vom 12.10. a.U. 160.

3 Vgl. Steckling. Internetveröffentlichung unter https://de.wikipedia.org/wiki/Steckling, S. 1, zuletzt eingesehen am 27.02.2020. Ebenso: Fechser. Internetveröffentlichung unter www.duden.de/rechtschreibung/Fechser, zuletzt eingesehen am 27.02.2020.

4 Vgl. Fechsung. Internetveröffentlichung unter www.wortbedeutung.info/Fechsung, S. 1, zuletzt eingesehen am 27.02.2020.

5 Vgl. fechsen. Internetveröffentlichung unter www.duden.de/rechtschreibung/fechsen, S. 1, zuletzt eingesehen am 27.02.2020. Ebenso: fechsen. Internetveröffentlichung unter www.wortbedeutung.info/fechsen, S. 1, zuletzt eingesehen am 27.02.2020.

6 Hier zitiert nach: Ritter Per-sie-Flasch' (Heinz Brüninghaus): Schlaraffa von Aha bis Z, Das uhuverselle Nachschlagewerk. 8. Auflage, Stuttgart 2015, S. 39f.

7 Vgl. Fex. Internetveröffentlichung unter https://de.wikipedia.org/wiki/Fex, S. 1, zuletzt eingesehen am 27.02.2020.

8 Vgl. fexen. Internetveröffentlichung unter https://de.wikipedia.org/wiki/Fexen, S. 1, zuletzt eingesehen am 27.02.2020.

9 Siehe Anmerkung 2.

10 Vgl. Heinrich Spiller: Der tote Heiland, Jugend- und Bildungsroman. In: Ders: Autobiographische Texte, Heinrich-Spiller-

Werkausgabe Band 4. Norderstedt 2015⁴, S. 80 i.V.m. Anmerkung
78. Noch deutlicher: Heinrich Spiller: Die Hungerjahre in Schlesien.
In: Ders: Hochdeutsche Gedichte und Geschichten, Heinrich-Spiller-
Werkausgabe Band 2. Norderstedt 2014, S. 302-305, hier: S. 303f.
11 Vgl. Verband Allschlaraffia (Hg.): Chronik des Verbandes Allschla-
raffia zur Hundertjahrfeyer in Norimberga a.U. 100 (1959). Landshut
1960, S. 139, desgl: Ritter Per-sie-Flasch' (Heinz Brüninghaus):
Schlaraffia von Aha bis Z, Das uhuverselle Nachschlagewerk. 8.
Auflage, Stuttgart 2015, S. 127.

Fechsung 71

Ein Ostergruß

Ganz viel Gutes, nur das Beste
wünsch ich Dir zum Osterfeste,
auf dass es Dir vor allen Dingen
ganz viel Ruhe werde bringen,
daneben auch viel bunte Eier.
denn die gehör'n zur Osterfeier,
und damit das nicht wird fade,
natürlich auch viel Schokolade.
Lass dich flugs bei schönem Wetter
nieder unter der Bäume Blätter,
genieß von dort das rege Treiben,
und lies den Gruß, den ich tat schreiben.

Fechsung 72

Ein kleiner Gruß zum Pfingstfest

Vorüber ist das Osterfest,
derb geplündert der Hasen Nest,
die Feiertage lang vorbei,
zurück des Alltags Einerlei.

Auf das Pfingstfest wir nun warten,
um ins Wochenend' zu starten,
das wieder ist besonders lang
und uns ermöglicht Müßiggang.

Vergessen ist des Festes Grund,
auch wenn die Medien ihn tun kund,
es zählt nur noch der Freizeitwert,
man von den Bräuchen sich abkehrt.

Doch uns soll das nicht verdrießen,
denn bis kann die Freizeit sprießen,
vergeht noch eine Ewigkeit,
die angefüllt mit Arbeitszeit.

Fechsung 73

Ansicht zum Duell

Den Fehdehandschuh, den mag keiner,
doch gar mancher Sasse liebt ihn umso mehr,
er schleift seine Klinge immer feiner
und freut sich über jeden Sieg gar sehr.

Fechsung 74

Corona trotzend

zieht Frieden in die Herzen

und wärmt die Seelen,

drum wünscht allen der Uhu:

Genießt das Uhubaumfest!

Fechsung 75

Geliebte Schokolade

Schon seit frühen Kindertagen
ich verwöhne meinen Magen
mit großer Menge Schokolade,
auch wenn ich werd davon malade.

Doch leider dann am nächsten Tag
mich meine Waage nicht mehr mag,
drum geh ich dann recht lange fort,
um abzunehmen mit viel Sport.

Schade, dass das macht Appetit,
das ist bekannt, ein altes Lied,
nur viel besser schmeckt das Süße
- anderntags ich doppelt büße.

Das ist nicht schön, das ist nicht fein,
doch fall ich immer wieder rein,
weil mir niemals schmeckt recht fade
die geliebte Schokolade.

Fechsung 76
Ein Haiku

Angst vor Corona,
Aerosole im Zimmer.
Spaziergang im Wald.

Fechsung 77

Schlaraffia gibt Kraft

Bist du mit Mühsal stark beladen,
tut dein Gemüt in Trübsal baden,
dann solltest du nicht lange wanken
und bei Schlaraffen Kraft neu tanken.

Fechsung 78
Traurigkeit

Ach, ich würde gerne reiten
hinüber zu der Nachbarburg,
offen durch das Burgtor schreiten,
mich nicht einschleichen wie ein Schurk'.

Würde nach der langen Reise
Geist und Körper tüchtig laben
an der Styxin köstlich' Speise,
denn es sind gar feine Gaben.

Nach dem Verzehr des leckren Mahls
würde frohgemut ich sippen
inmitten eines Rittersaals,
dabei etwas Lethe kippen.

Doch leider das nicht möglich ist,
weil ein Virus uns belagert,
das steckt voll gemeiner Arglist,
will, dass unser Spaß abmagert.

So sitze ich in meiner Feste
hinter hohen, starken Mauern,
ganz allein und ohne Gäste
- wie lange wird das noch dauern?

Fechsung 79
Virus Corona

Ein Virus zieht durch unsre Lande,
greift Menschen an aus jedem Stande,
es ist boshaft, tückisch und recht klein,
mit andren Worten: Es ist gemein!

Unruhe in unsre Glieder fährt,
man kann es nicht treffen mit dem Schwert,
es greift stets an aus dem Hinterhalt,
mit großer Wucht, berechnend und kalt.

Doch tapfer wehren sich wir Recken,
keiner wird seine Waffen strecken,
mutig und wach mit allen Sinnen
stehen wir auf der Burgen Zinnen.

Es tut des Uhus Schild uns schützen,
ein Impfstoff wird uns trefflich nützen,
und bei dem Kampf in diesen Tagen
entstehen neue Heldensagen!

Fechsung 80

Der Name Ulrike

Gedanken über das Gedicht ‚Die Bewegungsfreiheit' von Ritter Seng-krates (346)

Vor Kurzem hab ich unbenommen
an dieser Stelle laut vernommen,
dass Ritter Seng-krates sich langweilt,
nicht reisend von Reych zu Reyche eilt.

Über ‚Corinna' schrieb er sehr viel
in seinem stets sehr trefflichem Stil,
in Formulierung und Worten klar,
so dass lernte viel die Sassenschar.

Am Ende tat er dann allen kund,
dass eine Tochter von erster Stund
er gern ‚Ulrike' hätte genannt,
das ‚Warum' man im Text nirgends fand.

‚Ulrike' man eine Frau benennt,
die jeder als reiche Erbin kennt,
darum als Schluss würde nun fließen:
Seng-krates kann viel Geld genießen.

Doch es kann auch alles anders sein
und der Reichtum ist ein schöner Schein,
es heißt auch ‚Herrscherin der Heimat',
gleich ob durch Erbschaft oder Heirat.

Was auch immer sei der Hintergrund,
vielleicht tut ihn uns der Freund noch kund,
jedoch falls nicht rätseln wir weiter,
wissbegierig, dabei stets heiter.

Anmerkung:
Die Bedeutung des Namens Ulrike nach: www.vita34.de, eingesehen
am 02.12.2020.

Fechsung 81

Ein ungewohntes Uhubaumfest

In diesem Jahr der Uhubaum
ist von Bedeutung für uns kaum,
deshalb das Fest fällt heuer aus,
was für Schlaraffen ist ein Graus.

Schuld ist ein Virus ganz allein,
es ist zwar klein, doch sehr gemein,
dafür möchte man es hauen,
doch man kriegt es nicht zu schauen.

Doch auch wenn steht kein Uhubaum
im Rittersaal, dem großen Raum,
wir Schlaraffen nicht verzagen,
einfach neue Wege wagen.

Die virtuelle Rostra hier
erst Wagnis, heute eine Zier,
wie die vielen Zeitungsarten,
auf die Sassen freudig warten.

So die Kunst lebt fröhlich weiter,
erschafft Texte ernst und heiter,
doch leider kaum zum Uhufest,
was mir dann keine Ruhe lässt.

Drum mache ich Gedanken mir
nun über das Fest itzo hier,
das Ergebnis nach dem Feilen
sind die nun folgenden Zeilen:

Obwohl in uns der Sehnsuchtsschmerz,
zieht Frieden ein in unser Herz,
auch wenn die Burgen bleiben kalt,
feiern wir in der Heimburg halt.

So ärgern wir das Virus viel
mit Anstand und auch ganz viel Stil,
dann wird lachen in seinem Nest
der Uhu laut Uhufest.

Euch allen ein fröhliches Uhubaumfest!

Fechsung 82

Würdigung von Ludwig van Beethoven

(ES Florestan)

Zum 250. Geburtstag von Ludwig van Beethoven (*Dez.1770,
+26.03.1827)

Die Musik war dein Leben,

komponieren dein Streben,

das Vermächtnis ist famos,

die Bewunderung sehr groß.

Du warst Künstler und Genie,

ließest aufhalten dich nie,

auch nicht von deiner Taubheit,

die für dich war großes Leid.

Die Musik genießen wir,

damals, heute, jetzt und hier,

dafür sagen wir dir Dank,

widmen dir den nächsten Trank!

Ehé!

Fechsung 83
Gästesippung a.U. 161

Schön ist es, bei euch einzureiten,
durch der Sassen Gasse zu schreiten,
vor dem Thron die Grüße darzubringen,
zur Begrüßung ein Lied zu singen.

Doch vor dem Einritt, das ist ja klar,
ist die Styxin der heimliche Star,
es munden gut mir ihre Speisen,
wofür ich sie hier möchte preisen.

Läuft danach das Sippungsgeschehen
und wird gepönt jedes Vergehen,
herrscht schnell lustig Trubel, Heiterkeit,
löst aus glückliche Zufriedenheit.

Doch anders ist es in diesem Jahr,
alles wird vermiest vom Anti-Star,
Corona heißt er, Virus ist er,
kam aus weiter Ferne zu uns her.

Er legt lahm das ganze Sassenheer,
verhindert Spaß, macht das Leben schwer,
doch wir Ritter niemals verzagen,
auch nicht in schweren Lebenslagen.

Drum Cell-Erika tat ausloten,

erschuf dann den Allerwehr-Boten,

erstellt von Rittern mit hohem Rang,

nämlich Seng-krates und Zauberklang.

Arbeit und Einsatz ist hart, doch gut,

drum ziehe ich vor euch den Hut,

dank euch kann hier ich heute fechsen,

was auf Papier ich grad tat klecksen.

Fechsung 84

Die Muse hat Ausgang

Wenn mich küsst die Muse wunderbar,

dann die Worte fließen schnell und klar,

doch heute tat die Muse ausgehn,

drum seht ohne Text ihr mich hier stehn.

Fechsung 85

Das Fest der unbesiegten Sonne

In der erlesenen Winternacht
geben Menschen besonders gut Acht,
sie wollen sehen den Weihnachtsmann,
denn Gaben ziehen sie in den Bann.
Mancher sucht einen Stern am Himmel,
findet ihn nicht bei dem Gewimmel,
lässt roden dafür im Tannenwald,
einen Baum, der wirkt alleine kalt,
also man viel Zierrat an ihn hängt,
bis sich jeder Zweig nach unten senkt.

Manch einer mag das nicht und lässt es,
weil vergessen der Zweck des Festes,
‚Sol invictus' ward es geheißen,
doch diesen Zweck tat man verreißen,
vergessen die Wiederkehr des Lichts,
damit verdienen die Händler nichts,
denn weil fast jeder Geschenke mag,
ist das Geben Pflicht an diesem Tag,
und so Kinderherzen zittern bang,
manch Gesicht vor Enttäuschung wird lang.

Ein Uhu schwebt durch die dunkle Nacht,

für heute beraubt all seiner Macht,

auch Schlaraffen dem Konsum frönen,

mit dem Menschen das Fest verhöhnen.

So gingen viele Jahre dahin,

das Fest verlor den früheren Sinn,

doch bald schon werden Lieder klingen,

laut alle Menschen werden singen,

und so die warmen Tage preisen

wie einst die Ahnen und die Weisen.

Fechsung 86
Lethe oder lieber nicht?

Ob rot, ob weiß, das interessiert nicht,
ob's schmeckt, ist von Interesse schlicht,
drum kann an Lethe man sich laben
oder halt mit Wasser darben.

Die Lethe ist ein schöner Trunk,
verleiht viel Mut und tüchtig Schwung,
dazu die Illusion von Kraft,
so dass man alle Gegner schafft.

Die werden ja vor Angst ganz starr,
das sehen meine glasig' Augen klar,
drum werde ich jetzt mutig
und schlage zu ganz hurtig.

Leider ist der Gegner doppelt,
und mal schnell zur Seit gehoppelt,
und ganz plötzlich werde ICH vertrimmt
und bin darob doch sehr verstimmt.

Drum merke auf, du Freund von Wein,
das Zeug kann sehr gesundheitsschädlich sein,
drum lass die Flaschen auf des Regales Brett,
sonst landest du im Krankenhausbett.

Nachsatz:

Gut, wenn die Schwestern dort sind schön,
dann lohnt sich großes Kriegerstöhn,
denn ein verletzter, großer Held
fast allen schönen Frau'n gefällt.

Drum schließ ich nun und ruf euch zu:
Hab: Dank, Ehe, herzlich Lulu!

Fechsung 87

Aufziehender Nebel

Es ziehen langsam Nebelschwaden auf,
sie kriechen langsam am Boden entlang,
umhüllen Wurzeln, dann den ganzen Strang,
ziehen flugs zu den Baumwipfeln hinauf.

Wenn der Nebel kommt, sei nicht dumm und lauf,
eile dich, auch wenn's dir ums Herz ist bang,
Nebel ist machtlos, bist du auf dem Hang,
doch drunten steht die Seele zum Verkauf.

Das Peiner Drei-Strom-Land ist wunderschön,
bei Sonnenschein gar lieblich anzusehn,
doch wehe, wenn der Nebel zieht heran.

Ringsum das Land versinkt bis auf die Höhn,
wehe dem, der nicht kann auf einer stehn,
zur Beute der Geister er werden kann.

Fechsung 88

Traum und Realität

Wie gern ich würde die Stimmung heben
und an Neujahr ein Konzert euch geben,
von Musik umrahmt ich würde singen,
jedoch das könnte gar unschön klingen.

Die Sangeskünste sind begrenzt bei mir,
drum stünde ich dann schnell allein allhier,
fröhlich Lieder singen im eignen Haus
verbietet die Burgfrau, es ist ein Graus.

Wenn darob ich singe am Gartenteich,
protestiert der ganze Froschchor sogleich,
auch das Maunzen der beiden Felltiger
würde im Wettstreit bleiben der Sieger.

So sitze ich nun hier im Eigenheim
und schreibe nieder diesen kleinen Reim,
die Welt scheint für meine Lyrik bereit,
ich seh' mich schon als ‚Goethe der Neuzeit'.

Fechsung 89

Es zieht Nebel auf

Bedächtig zieht der Nebel auf,

behindert bald schon Sicht und Lauf,

wabert dicht im freien Raume,

schnell umhüllend jeden Baume,

kriecht dann über den Eixer See,

hört der Schwimmer ‚Ach!' und ‚Oh weh!',

danach er zieht zum Herzberg fort,

um zu vollenden sein Werk dort.

Aus dem Nebel ganz laut und feist

tönt das Lachen vom Nebelgeist,

der liebt die Gegend um Peine,

denn gar oft er ist alleine,

und so er sucht zum eignen Glück

Seelen nur im besten Landstück,

eben im Peiner Drei-Strom-Land,

weil hier er stets ein Opfer fand,

Fechsung 90

Deutung Vorname 1: Melchior

Dieses ist der schöne Weise,
der nach einer langen Reise
mit Gefährten, zwei an der Zahl,
nicht ritt in einen Rittersaal,
Schlaraffia erst später kam,
was ihm stets war ein großer Gram.

Viel lieber hätte er gesippt,
in Lethe einen Keks gestippt,
doch leider er war zu früh dran,
geriet nicht in des Uhus Bann,
er wurde leider kein Ritter,
was für ihn war sicher bitter.

Doch dafür kennen ihn heute
überraschend viele Leute,
im Gegensatz zur Ritterschar,
keiner nimmt uns leider gewahr,
drum müssen laut wir machen kund,
dass wir machen Kunst, keinen Schund.

Fechsung 91

Deutung Vorname 2: David

Den Namen David kennen wir,
aus theologischem Brevier,
dort ist es ein großer Name,
kommt aus königlichem Same,
denkt man doch an Salomons Sohn,
der saß nach diesem auf dem Thron.

Doch gibt es auch den Hirten noch,
kämpfend gegen Philister Joch,
mit einem Herzen wahrlich rein,
tötet er einen mit dem Stein
- das ist uns freilich gar sehr fremd,
auch wenn wir tragen Ritterhemd.

Doch wissen wir vom Fußball her,
dass die Kleinen es haben schwer,
doch wenn beherzt sie dann siegen,
wir uns sehr vor Freude biegen,
dann vereint schnell viele Leute
eine schöne Schadenfreude.

Doch Große gibt es überall,

nicht nur im Sport sind sie ein Wall,

auch beim Dichten gibt es viele,

dazu viele schöne Stile,

Eichendorff, Philo vom Walde

oder auch ein Dichterskalde.

Im Vergleich zu diesen Granden

aus vielen schönen Landen

bin ich ein kleiner Dichter nur

in der schönen Literatur

- zu Recht ein David, ein Niemand,

im Vergleich nur ein kleiner Fant.

Fechsung 92

Deutung Vorname 3: Denise

Männlich waren alle Namen,
Frauennamen nicht vorkamen,
dabei lieben wir die Frauen,
also werde ich mich trauen.

Für ‚Denise‘ ich mich entscheide,
denn das klingt nach Augenweide,
nach einer Dame lieblich, nett,
wie sie ein jeder gerne hätt‘.

‚Dionysos‘ die Basis ist,
daraus manche Abwandlung sprießt:
‚Dennis‘ ist die männliche Norm,
‚Denise‘ so die Frauenform.

Dionysos ist sehr bekannt,
einst mit dem Wein man ihn verband,
und wie man Wein nicht missen mag,
verschönern Frauen uns den Tag.

Dionysos war vielseitig,
auch die Freude fand er schick,
für uns sind Frauen Freudenquell
mit ihrem Lachen glockenhell.

War der Gott dem Trunk ergeben,
möchten Frauen keinen ‚heben‘,
weil der Wein hat schlimme Seiten,
die sich können rasch ausweiten.

‚Denise‘ dagegen klingt so rein,
als nehme sie nur Wasser ein,
was mir, fürwahr, sehr gut gefällt,
will ich doch sein bald ein Sportheld.

Der Gott steht auch für Fruchtbarkeit,
leider auch für des Wahnsinns Leid,
auch wenn ersteres klingt recht gut,
muss stets man hier sein auf der Hut.

Auch ‚Ekstase‘ steckt im Namen,
die liegt in der Liebe Rahmen,
zu des Mannes großer Freude
leben sie die Frauenleute.

Für vieles so der Name steht,
vielleicht er manches auch verrät,
doch bekommt man ihn als Kind schon,
so dass er werden kann zum Hohn.

‚Denise' für mich klingt wunderbar,
doch ist der Name hier sehr rar,
so ich nicht überprüfen kann,
was ich als Dichter mir ersann.

So leg ich weg das Namensbuch,
das mir hier vorkam wie ein Fluch,
werde Denise nun suchen gehn,
danach den Namensinn verstehn.

Fechsung 93
Deutung Vorname 4: Birgit

Meine Hacken sind nur noch Wunden,
Denise ich habe nicht gefunden,
dafür Birgit, und davon gleich zwei,
so dass ich ihr die Betrachtung weih.

Die Bedeutung lautet ‚Helferin‘,
doch auch ‚Schützerin‘ ist dort mit drin,
aber leider, und das ist auch wahr,
ist diese Bedeutung nicht ganz klar.

‚Birgit‘ kann von ‚Brigitte‘ stammen,
was hängt eng mit ‚Brigid‘ zusammen,
die eine keltische Gottheit war,
und bestimmt hatte einen Altar.

‚Erhabene‘ die Bedeutung ist,
was vornehm klingt, wie ihr alle wisst,
doch kann das auch leicht arrogant sein,
was dann klänge nicht mehr so ganz fein.

Jetzt bin ich mir nicht mehr so sicher,
welche Bedeutung ist amtlicher
für die Birgit heißenden Frauen,
welche ich kürzlich durfte schauen.

Birgit Eins war sehr nett und lieblich,

so dass mich gleich das Gefühl beschlich,

vor einer Helferin zu stehen,

die erhört auch lautloses Flehen.

Anders ist Birgit Zwei dagegen,

sie bewegt sich wie auf Laufstegen,

so elegant und sehr erhaben,

was entspricht einer Gottheit Gaben.

Zwei Birgits ich habe getroffen,

doch ich sage es euch ganz offen:

So wie die beiden verschieden sind,

ich jede Bedeutung in einer find.

Wollte ich gerecht zu beiden sein,

müsste ich entfernen ihren Schein,

erkunden ihre wahren Wesen,

auf dem Grund ihrer Seelen lesen,

Das ist fürwahr keine Kleinigkeit,

ich weiß nicht, ob ich dafür bereit,

denn viele schöne Namen locken,

warum also bei Birgit hocken?

Die wahre Bedeutung zu finden
lässt meine Begeisterung schwinden,
darum es sei euch von mir gesagt:
Jede Birgit ist mir zu gewagt.

Darum ich werde weitersuchen
und hoffentlich ohne viel Fluchen
finden ein Weib mit schönem Namen,
der sein wird ihrer Anmut Rahmen.

Fechsung 94

Deutung Vorname 5: Fabiola

(Namenstag am 27. Dezember)

Nun denke ich den ganzen Tag,

welchen Namen ich nehmen mag,

schau auf das Datum von heute,

es haben Namenstag Leute!

Heute ist Fabiola dran,

Fabius ist die Form vom Mann,

doch gibt der Name nicht viel her,

was mir das Arbeit macht sehr schwer.

Seine Bedeutung ist recht schlicht,

doch heute ich hol sie ans Licht:

‚Kleine Pflanzerin von Bohnen'

- so sie musste sicher fronen.

Nicht mein Ding ist schwere Arbeit,

das schafft nur Stress und Müh wie Leid,

drum wende ich mich schaudernd ab

und eile schnell in einen Pub.

Doch halt, das geht ja heuer nicht,
die sind ja derzeit alle dicht,
weil Corona wütet böse,
dies Virus, das grippöse.

Bevor die Zeit mir wird recht schal
und damit zu recht großer Qual,
geh ich lieber auf die Suche
in dem großen Namensbuche.

Fechsung 95

Deutung Vorname 6: Silvester

Gestern fand Silvester statt,
auf dem Land und in der Stadt
feierten viele Leute
bis ankam unser Heute.

Doch ist es ein Name auch
aus der alten Römer Brauch,
ein Papst so wurde benannt,
doch man ihn beim Film auch fand.

Sylvester heißt ein Kater[1],
ein Zeichner war sein Vater,
Tweety[2] wollte er fressen,
Speedy Gonzalez essen[3].

Doch was ist von dem Namen
der alte Sinnesrahmen?
‚Waldmensch' tut er bedeuten,
doch nichts bei mir tut läuten.

Der Papst nach seinem Staate strebt,

in der Stadt der Kater lebt,

manchmal auf dem Land er jagt,

wenn die Maus[4] ihn wieder plagt.

So der Name täuschen tut,

darum stets seid auf der Hut,

oft die Namen sind nur Schall,

ohne den Bedeutungswall.

Anmerkungen

1 Kater Sylvester ist eine von mehreren Hauptfiguren der Zeichen-
trickserie ‚Looney Tunes'.

2 Tweety ist ein kleiner gelber Kanarienvogel und der Liebling seiner
Besitzerin, die man nur als ‚Grandma' kennt. Er gehört ebenfalls zur
Zeichentrickserie ‚Looney Tunes'.

3 Speedy Gonzalez, die schnellste Maus von Mexiko – und natürlich
auch eine Figur aus der Zeichentrickserie ‚Looney Tunes'.

4 Damit ist Speedy Gonzalez gemeint.

Fechsung 96
Deutung Vorname 7: Hugo

Wer kennt den Namen ‚Hugo' nicht,
der recht bescheiden klingt und schlicht?
Gar mancher Mensch heißt wirklich so,
darüber kann er sein sehr froh.

Hugo ist ein recht altes Wort,
es stammt aus germanischem Hort,
von ‚hugi-z' ab stammt dieses ‚Hug',
das klingt logisch und auch sehr klug.

Es heißt Verstand, denkender Geist,
der sicher gute Wege weist,
drum man kann zu ihm aufschauen,
seiner Klugheit still vertrauen.

Hugo soll drum sicher walten[1],
sich als Showmaster entfalten[2],
der Name gibt das alles her,
einem Hugo fällt echt nichts schwer.

Anmerkungen

1 Mit dem Spruch ‚Das walte Hugo' stellt man etwas fest oder ist sich ‚todsicher'. Er geht auf Hugo Stinnes (1870 -1924) zurück, einem aus dem Ruhrgebiet stammenden Großindustriellen und Politiker, und bezieht sich auf seinen bemerkenswerten Unternehmergeist und seine imposante Erfolgsgeschichte: Stinnes erschuf Anfang des 20. Jahrhunderts aus dem Nichts ein gigantisches Wirtschaftsimperium. Er galt als einflussreichster und mächtigster Unternehmer Deutschlands und Europas, vgl. Unbekannter Autor: Woher kommt die Redewendung ‚Das walte Hugo' und was bedeutet sie?, Internetveröffentlichung unter www.cosmiq.de, eingesehen am 04.01.2021.
2 Diese Zeile bezieht sich auf Hugo Egon Balder (*22.03.1950), einem deutschen Fernsehmoderator, Fernsehproduzenten, Musiker, Schauspieler und Kabarettisten. Bekannt wurde Balder vor allem als Moderator der Sendungen ‚Tutti Frutti', ‚Alles Nichts oder?!', ‚Die Hit-Giganten' sowie ‚Genial daneben', vgl. Internetveröffentlichung unter de.m.wikipedia.org, eingesehen am 04.01.2021.

Fechsung 97

Deutung Vorname 8: Gerhard

Den eignen Namen zu verwenden
erfordert scher etwas Mut,
doch das Ergebnis klingt recht gut,
drum will ich nun es dir zusenden.

Wie so oft liegt der sprachlich' Halt
weit in deutscher Vergangenheit,
in also längst vergessner Zeit,
in der Sprache Hochdeutsch, Fassung Alt.

Des Namens erste Silbe ist ‚Ger',
und dieses eine kleine Wort
bedeutet hier an jedem Ort
des Germanen Waffe, den Wurfspeer.

Des Namens zweiter Teil lautet ‚hard',
was die Bedeutung hat von ‚fest',
was sich ja leicht zu deuten lässt,
weil es sich ja leicht mit Wurfspeer paart.

So wir kennen der Teile Inhalt
und können darum leiten her:
Gerhard bedeutet ‚fester Speer‘,
zudem der Name ist schon recht alt.

Man kann auch sagen ‚Der Speerstarke‘,
der mit jedem Wurf das Ziel trifft,
dabei jedes Problem umschifft,
so die Kühnheit ist seine Marke.

Leider ist bei mir der Wurfarm schwach,
auch die Augen sind nicht sehr gut,
doch fehlt es nicht an großem Mut,
vor allem wenn der Geist ist hellwach.

So passt der Name doch recht gut zu mir,
ich trage ihn mit großem Stolz,
bin eben aus besondrem Holz,
auch wenn ich nicht töten kann ein Tier.

Fechsung 98
Leere Straßen

Auf der Heimburg festen Zinnen
stehen sie mit wachen Sinnen,
ist arg die Stimmung auch gedämpft,
wird so das Virus gut bekämpft.

Dafür alle Straßen sind leer,
es bummelt keiner darauf mehr,
'Homeoffice' ist ein Zauberwort,
ein jeder bleibt an seinem Ort.

Es ist grausam für die Händler,
doch ein Segen für die Pendler,
so schafft ein Virus ganz allein
Trübsal, Freude und sehr viel Pein.

Fechsung 99

Früher war mehr Winter

Als heut ich aus dem Fenster sah,

lag eine dünne Schneeschicht da,

sie wirkte gänzlich unberührt,

keine Spur auf das Grundstück führt.

Doch wenn auch jetzt der Winter lacht,

am Mittag ist hinfort die Pracht,

geschmolzen in der warmen Luft,

fast schon umrahmt von Blütenduft.

Ein Löwenzahn lugt schon hervor,

im Januar, was für ein Tor,

doch versteh ich auch sein Handeln,

weil das Klima sich tut wandeln.

Zu früher ist es kein Verglich,

da waren wir an Schnee sehr reich,

und Straßenglätte kannten wir

im ganzen Land, nicht nur allhier.

Spiegelglatt waren die Straßen,

bestraften ein jedes Rasen,

nur auf Schnee man konnte fahren,

musste nur viel Abstand wahren.

Derzeit wir haben freie Fahrt,

die Winter sind längst mild, nicht hart,

doch Gefahren bergen sie noch,

wenn Uller[1] kommt aus seinem Loch.

Anmerkung

1 Uller ist in der nordischen Mythologie u.a. der Gott des Winters.

Fechsung 100

Früher war alles besser

Mit Zwanzig galt man als Jungspund,
dazu man war auch kerngesund,
hatte vor sich noch das Leben,
tat nach hohen Zielen streben.

Man genoss die Tanzesreigen,
tat den Mädchen gern nachsteigen,
auch im Beruf lief es recht gut,
das brachte Geld, auch Hab und Gut.

Ach, was waren das für Zeiten,
als man konnte vorwärts schreiten,
auch die Lethe gut vertragen,
hatte nichts, um laut zu klagen.

Dann war man dreißig irgendwann,
ein Häuslebauer, Ehemann,
vielleicht ein Vater noch dazu,
dann manchmal raubte Stress die Ruh.

Flugs begann die Zeit zu rasen,
schnell vergingen Lebensphasen,
und eh man sich noch recht versah
waren die Sechziger schon da.

Ruhestand war nun ein Thema,
mancher suchte eine Eva,
die sollte jung und recht hübsch sein,
zu wahren von Elan den Schein.

Jedoch die Haare waren grau,
im Ex-Haus saß nun die Ex-Frau,
und als das Geld dann wurde knapp,
haute die Freundin auch schnell ab.

Mit Siebzig stellten sich dann ein
die vielen kleinen Zipperlein,
von denen man hat viel gehört,
weil sie andre haben gestört.

Mit Hundert denkt man voller Pein
dass das nun soll das Leben sein:
Es schlägt nicht mehr im Takt das Herz,
dazu kommt stets ein neuer Schmerz.

So irgendwann es dämmert dann
ein jeder Frau und jedem Mann,
dass früher alles besser war,
als man noch zählte zwanzig Jahr.

Fechsung 101
Deutung Vorname 9: Nils

Durch den Kopf der Name 'Nils' mir schwirrt,
warum, ist ein großes Rätsel mir,
bei dem Namen nichts im Hirn mir klirrt,
doch er steht auf dem Papier nun hier.

Von 'Nikolaus' er leitet sich ab,
was ist die Silbe 'Nike' für 'Sieg',
dazu gehört, und das nicht zu knapp,
'Laos' für 'Volk' oder 'Heer im Krieg'.

Schaut man genau sich beides nun an,
erkennt man vom Namen 'Nils' den Sinn:
Vom 'Sieg des Volkes' man sprechen kann,
so im Namen liegt viel Pathos drin.

Da der Name 'Nils' dramatisch klingt,
ist unklar, wer ihn denn tragen darf,
weil darin 'Kampf' und 'Erfolg' stets schwingt,
ist so mancher Mann darauf sehr scharf.

Fechsung 102
Deutung Vorname 10: Otto

Neulich sah ich im TV
eine kleine lustig' Schau,
eine Wiederholung zwar,
doch mit Otto als dem Star.

Otto Waalkes nennt er sich,
sein Witz ist unvergleichlich,
doch in des Themas Sinne
ich über ‚Otto' sinne.

Damit stellt sich die Frage,
mit der ich mich nun plage,
was ‚Otto' kann bedeuten,
weshalb ich ihn will deuten.

‚Otto' ist eine Kurzform,
‚Ot' lautet die echte Norm,
sie steht für das Erwerben
von Besitz, auch durch erben.

‚Otto' heißt damit genau
‚Der Besitzende' des Gau,
heute das vergessen ist,
weil die Zeit die Wurzeln frisst.

So haben wir als Rahmen
viele schöne Vornamen,
wenden sie gar gerne an,
fragen nach nur dann und wann.

Heute ich es jedoch tat,
suchte seinen Namenspfad,
stellte dabei ganz schnell fest,
dass es passt zu Waalkes' Rest.

‚Otto' hat geerbt Talent,
auch erkannt den nächsten Trend,
drum er ist ein reicher Mann,
der uns zieht in seinen Bann.

Möge er noch lange sein,
uns erfreun mit Scherzen fein,
Lachen ist schließlich gesund,
dafür er gibt uns immer Grund.

Fechsung 103

Haibun der Woche

(kaum geschrieben, schon überholt)

Wintereinbruch

Der Winter hat lange gewartet, bis er das Land mit Schnee überzogen hat. Doch nun ist es soweit, Schnee und Eis bedecken Straßen und Gehwege. Trotz eingesetzter Streufahrzeuge fahren alle Autos langsam, manche sogar sehr langsam.

Die Straßen sind glatt,
ein Anfänger am Steuer.
Mulmiges Gefühl.

Fechsung 104
Endlich taut es!

Im Blau erstrahlt der Himmel,
sieht nicht mehr aus wie Schimmel,
endlich kommt die Sonne raus,
schmilzt hinfort den weißen Graus.

Ja, das passt fast jedermann,
weil man nicht mehr rutschen kann,
heil bleiben Arm und Beine,
die eignen und auch deine.

Fechsung 105

Haibun der Woche

Geringe Schulterhöhe

Die Katze Paula sprang vom Sofa, streckte sich voller Behag-
lichkeit und begehrte dann Ausgang. Gerne öffnete ich ihr d e
Haustür. Sofort strebte sie nach draußen, erstarrte aber mitten
in der Bewegung - sie hatte die Schneemassen auf den Wə-
gen und in den Vorgärten erblickt. Spontan drehte sie um und
kehrte zum Sofa zurück.

Hohe Schneeberge,
geringe Schulterhöhe:
Das Leid der Katze.

Fechsung 106

Deutung Vorname 11: Antje

Antje wird die Frau genannt,
mit der ich bin schon lang beinand',
so es intressieret mich,
was dahinter verberget sich.

Es klingt wie schöner Gesang
ihres Namens lieblicher Klang,
wie Glockengeläut so rein,
fast wie Engelsgesang so fein.

Das passt zu ihrem Namen,
entsprossen altdeutschem Samen,
denn seit jeher steckt darin
‚Begnadete' als tiefer Sinn.

Seit jeher wird so genannt,
die, die als Könner ist bekannt,
egal ist, welches Talent
man zu dieser Person auch kennt.

Meistens passt das gut zu ihr,
dann ist der Name wahre Zier,
doch sollte man sie reizen,
tut sie nicht mit Krallen geizen.

Kämpfen ist auch ein Talent,
das sie gut als ihr eigen kennt,
doch wenn jemand friedlich ist,
ist ihr Herz frei von jedem Zwist.

Das Soziale ist ihr Ding,
das Schicksal gab ihr diesen Wink,
drum tüchtig sie tat streben,
um mit diesem Job zu leben

Aus der großen Namensflut
passt der Name zu ihr recht gut,
jeder, der sie etwas kennt,
beneidet sie um ihr Talent.

Fechsung 107

Das Wetter ist immer schuld

Dem Wetter ist nicht zum Lachen,
egal, was es auch will machen,
nie ist es allen Menschen recht,
stets machen sie das Wetter schlecht.

Neulich hatten wir den Christmond,
dann sind wir Menschen Schnee gewohnt,
doch stattdessen es war recht warm,
da war man gleich dem Wetter gram.

Drum hat es sich was überlegt,
im Hornung hab ich Schnee gefegt,
wie alle meine Nachbarn auch,
wie es von alters her war Brauch.

Während sich die Kinder freuten
den Arbeitsweg die Eltern scheuten,
drum schimpften sie auf das Wetter,
wollten Wärme als ihren Retter.

Auch dieser Wunsch war schnell erfüllt,
in Wärme nun das Land gehüllt,
doch anfangs bildete sich leis'
auf allen Wegen ganz viel Eis.

Das war den Leuten auch nicht recht,
sie machten drum das Wetter schlecht
und schimpften laut aus vollem Hals
derweil sie streuten Sand und Salz.

Zum Glück der Schnee schmolz schnell dahin,
doch war er auch in Häusern drin,
auf Dachböden er recht hoch lag,
wo niemand ihn sehr gerne mag.

Als recht langsam er dann taute,
sich dazu dann auch noch traute
zu ziehen in des Bodens Holze
war verletzt des Besitzers Stolze.

Drum war das Wetter wieder schuld,
es fand bei keinem Menschen Huld,
nun schuf es Wärme mit mehr Licht,
doch dankte es ihm keiner nicht.

Die Menschen klagten nun zuhauf
über Ärger mit dem Kreislauf,
es ging zu schnell der Übergang
drum schimpfte man aufs Wetter lang.

Ja, unser Wetter hat es schwer,
lieb hat es lang schon keiner mehr,
doch es bleibt uns wohl gewogen,
ist Kritik auch überzogen.

Drum erfreut euch an dem Wetter,
es ist unser aller Retter,
Sonne, Schnee und auch der Regen
sind für Menschen ein rechter Segen.

Fechsung 108
Deutung Vorname 12: Svenja

Nun beende ich die Ruh',
wende mich dem Namen zu,
der mit zu den Schönsten zählt,
so ich hab ihn ausgewählt.

Ich habe mich entschieden
schöne Verse zu schmieden
zu Svenjas schönem Namen,
weil Ideen dazu mir kamen.

Svenja nicht ist Ausgangsnorm,
sondern nur die weiblich' Form
für Sven, den ,jungen Krieger',
der oftmals bleibt ein Sieger.

Der Ursprung liegt im Norden,
wo man lebt in Fjorden,
doch all das könnte trügen
und sich ganz anders fügen.

Denn es kann auch sehr gut sein,
dass nichts Nordisches kam rein,
sondern es nur Altdeutsch ist,
was uns heute klingt recht trist.

Es wäre dann die Kurzform
von Swanhild als Ursprungsnorm,
was damals bei den Leuten
es stets tat ‚Schwan' bedeuten.

„Schwan' als Name einer Frau
klingt viel freundlicher als ‚Pfau',
es nach Anmut hört sich an,
was schlägt Männer in den Bann.

Was ‚Anmut' ist für ein Weib,
ist ein gar kräftiger Leib
für den Krieger im Manne,
was Frauen zieht in Banne.

So ein Krieger ist zwar rau,
doch er gleicht auch einem Pfau,
was dann hier für ‚Anmut' steht,
was einher mit ‚Svenja' geht.

So es deutlich mir erscheint,
dass im Grunde sich vereint
sich diese beiden Namen
aus des Altdeutschen Samen.

Fechsung 109

Deutung Vorname 13: Karin / Katja

Den Frauen bin ich gar sehr hold,

sie sind für mich wie reines Gold,

denn an ihrem lieblich Wesen

meine Seele kann genesen.

Drum muss die Frau gar reizend sein,

und das nicht nur zum bloßen Schein,

doch steht schon bei manchen Damen

ihre Reinheit in dem Namen.

‚Karin' ist sogleich zu nennen,

wir auch ‚Katja' hierzu kennen,

beide haben den gleichen Sinn,

stecken in ‚Katharina' drin.

Das kommt vom Wort ‚katharsos' her,

bedeutet ‚rein', das ist nicht schwer,

sondern der Name ist Programm,

gesehen von des Wortes Stamm.

Das heißt nicht, man kann nun trauen

allen diese lieblich' Frauen,

die nun diesen Namen tragen,

auch ihr Wesen ist zu erfragen.

Ihr Handeln muss gar immer sein
ohne Tadel, von Fehl ganz rein,
das ist für ihre Seele gut,
entfacht des Glückes heiße Glut.

Wenn ihr Handeln an Reinheit grenzt,
die Seele gleich dem Golde glänzt,
dann ist ihr Wesen rein, nicht schlecht,
trägt die Frau den Namen zu Recht.

Fechsung 110

Haibun der Woche

Halbe Belohnung

Nach einem Spaziergang bei recht frischem Wetter freute ich mich auf ein leckeres Heißgetränk. Als Krönung waren mir Kekse versprochen worden – die gab es auch, aber leider eine Sorte ohne Schokoladenüberzug! Dafür war ich, der Gourmet, also anderthalb Stunden durch die Kälte gelaufen! Manchmal fällt die Belohnung recht schmal aus.

Große Vorfreude
auf Schokoladenkekse.
Keine vorrätig.

Fechsung 111

Baumfreunde

Durch des Zimmers weiten Raum
klingt das Lied ‚Mein Freund, der Baum',
doch es hallt auch draußen fort,
bis zum kleinen Waldstück dort.

Nun ist wieder so ein Tag,
den ich nicht so gerne mag,
weil dort sind viele Leute,
auch morgen, nicht nur heute.

Schlimmer ist's am Wochenend,
wenn aufs Land der Städter rennt,
um tüchtig zu genießen
die Wälder und die Wiesen.

Ganz schlimm eine Gruppe ist,
die wirkt friedlich, hat nie Zwist,
Bäume ihre Freunde sind,
jeder auf Berührung sinnt.

Jeder sucht sich einen Baum
in des Wäldchens dichtem Raum,
schließlich sie umarmen ihn
- das ist so ihr echter Spleen.

Sie sich ,Baumfreunde' nennen,
nichts vom Baum sie kann trennen,
wenn sie umarmt ihn haben,
durch Kuscheln an ihm laben.

Wenn in der Zeit die Hunde
vom Dorfe gehn die Runde,
schauen sie doch recht erbost,
wer mir ,ihrem' Baume kost.

Dann stören sie mit Bellen
den Fluss der Liebeswellen,
was dann einmal mehr beweist:
Mensch, nicht Hund, ist ein Feingeist.

Fechsung 112

Haibun der Woche

Auf die Post ist Verlass

Am 13. März erreichte mich der Anruf eines Bekannten aus meinem Wohnort. Er bedankte sich darin für meinen Weihnachtsbrief – den ich am 16. Dezember des Vorjahres abgeschickt hatte. Nun war er also angekommen: ungeöffnet, korrekt adressiert und nicht verschmutzt. Niemand weiß, wo der Brief überwintert hat. Ob eine Brieftaube in der kalten Jahreszeit in den Süden geflogen ist und den Brief mitgenommen hat?

Lange unterwegs,
ein Weihnachtsgruß im Frühjahr.
Staunen und Schmunzeln.

Fechsung 113
Paula ist fort!

Die Luft erwärmt sich,
es steigt die Temperatur.
Die Katze nutzt das,
verlässt das Haus und geht fort.
Lockt sie ein Kater,
sucht sie sich neue Menschen?
Meine Seele ist betrübt.

Fechsung 114
Der Nutzen von Kissen[1]

Wahrscheinlich hat es ein jeder von uns bereits erlebt. Man setzt sich bequem auf ein Sofa und wird im nächsten Moment hinterrücks von einem Kissen feige angegriffen. Dabei erschrickt man fürchterlich, bis man bemerkt, dass es ,nur' ein Sofakissen ist. Hat man es dann überwältigt, wirft man es aber nicht etwa in irgendeine Ecke oder gar in den Mülleimer – nein, weit gefehlt, man stellt es ordentlich an ,seinen' Platz zurück. Aber warum macht man das? Will man bei nächster Gelegenheit wieder aus dem Hinterhalt angegriffen werden? Welchen Nutzen haben sie, oder andersherum: Welchen Zweck verfolgen Sofakissen?

Bei der Betrachtung eines durchschnittlichen Wohnzimmers stellt man fest, dass sich nicht nur auf dem Sofa Kissen tummeln, sondern auch in und auf den Sesseln. Sie hocken da und nehmen je nach Breite und Füllung mal mehr, mal weniger Platz weg. Das ist Platz, den wir nicht mehr haben, um nach einem langen, harten Tag unsere erschöpften Knochen gefahrlos lagern zu können. Natürlich könnten wir konsequent einen Feldzug zur Rückeroberung unserer Meditationsflächen starten, aber Kissen haben einen sehr starken Verbündeten: das weibliche Geschlecht. Jede Burgfrau und jede Burgwonne, ja, oftmals sogar Burgmaiden schlagen sich sofort auf die Seite der Kissen, weil sie doch ,so hübsch' seien. Gut, wenn man grellfarbige oder geschmacklos gemusterte Bezüge mag, könnte man das akzeptieren, aber welcher aufrechte Ritter mag vom Schlachtfeld des täglichen Lebens in die Heimburg kommen und von solchen Anblicken geblendet werden? Ganz abgesehen davon, dass manche Kissen Fransen haben, die jedem Hippie zur Ehre gereichen würden – nur dass Kissen diese Dinger als Waffe einsetzen, mit denen sie uns einzuwickeln und in einem unaufmerksamen Moment zu strangulieren versuchen. Nun könnte man sagen, dass wir Ritter den Kampf gewohnt sind und daher Gefahren kilometerweit gegen den Wind wittern können, aber in einer gleichberechtigten Welt sollte sich auch das Frauenvolk diese Eigenschaft antrainieren. Stattdessen holen sie hinterhältige Sofa- und Sesselbesatzer ins Haus und verteidigen diese unnützen Dinger wie ihre Handtaschen oder Schuhe!

Vielleicht wäre es für uns Männer einfacher, die Existenz von Kissen zu akzeptieren, wenn wir in ihnen einen Nutzen erkennen könnten. Aber welcher sollte das sein? Gut, mancher würde jetzt sicher rufen „Man kann sich draufsetzen!", aber das ist ein Irrtum: Testet es, und ihr werdet feststellen, dass man das Ding im letzten Augenblick wegzieht! Wie ein weiser Mann einmal sagte: ‚Es gehört nicht zum Sitzvorgang dazu".[2] Hinzu kommt eine für uns Menschen fatale Eigenschaft von Kissen: Die Dinger können ihre Form rasend schnell von ‚bequem' zu ‚unförmig' verändern und zudem ihr Volumen in Sekundenbruchteilen ausweiten! Die Folge ist klar: Sollte ein Mensch tatsächlich den ‚Wegzieh-Reflex' unterdrücken können, würde ihn das Kissen mit seiner veränderten Form und seinem aufgeblähten Volumen im Stile eines bockenden Wild-pferdes abwerfen. Man hat einfach keine Chance!

Gibt es vielleicht noch einen Grund, warum man Kissen in seinem Wohnzimmer dulden sollte? Jemand hat die Frage aufgeworfen, ob es ,Kuscheltiere für Sofas' oder ,Sofaparasi-ten' seien.[3] Nun, das trifft es nach meinem Dafürhalten nicht ganz, denn angesichts der Liebe von Frauen zu Kissen wären es doch eher Kuscheltiere für Frauen. Kissen würden dann lediglich das Sofa und die Sessel als Ruheplatz bevölkern wie Hunde oder Katzen, die ebenfalls eine Vorliebe für diese Mö-bel als Schlafplatz haben. Macht man einem Vierbeiner den Platz streitig, hat man schnell eine Kralle (Felltiger) oder ein paar Zähne (Hund) im eigenen Fleisch stecken. Insoweit ver-teidigen Kissen also nur ihren Ruheplatz? Nein, weit gefehlt, denn sie greifen einen ja auch an, wenn man selber friedlich auf dem Sofa liegt und sie auf der Rückenlehne thronen! Ein solcher grundloser Angriff kann nur als Bösartigkeit ausgelegt werden, was die bereits oben festgestellte Hinterhältigkeit nur noch weiter verstärkt.

Aber auch unsere Frauen, die natürlichen Verbündeten der Kissen, sind nicht immer vom Wesen ihrer ,Kuschelkissen' begeistert. Der Grund ist ganz einfach: Die Dinger sind Staub-fänger! Wenn man eine Hausstauballergie hat, wollen einen die Kissen glatt umbringen! Der Staub ist auch der Grund, warum Frauen manchmal für wenige Momente mit den Kissen hadern. Aber die Dinger werden trotzdem nicht entfernt. Lei-der.

Nach diesen Ausführungen und dem Aufdecken der Nutzlosigkeit sowie der mordlüsternen Hinterhältigkeit der Kissen würde an dieser Stelle üblicherweise ein Ratschlag zur Verteidigung unserer Liegestätte im Wohnzimmer folgen. Leider kommen wir Männer nicht gegen unsere Frauen an, weil diese vielen von uns eine Eigenschaft voraushaben. Sie können kochen! Um also das tägliche Mittagsmahl beziehungsweise dessen Schmackhaftigkeit nicht zu gefährden, müssen wir Männer uns andere Alternativen suchen. Zum Glück haben wir die Schlaraffia mit ihren vielen Reychen, in denen wir Sippen können (sofern uns Corona lassen würde). Während einer Sippung kann man sehr gut entspannen, so dass wir das heimische Sofa nicht brauchen. Wenn die Kissen dann die Burgfrau anfallen, ist das Frauenvolk selber schuld, kann man da nur sagen. Immerhin haben sie diese Bestien ins Wohnzimmer gelassen...

Anmerkungen:

1 Die Idee zu dieser Fechsung kam mir beim Dialog ,Wozu sind Kissen gut?' in einer Folge der Serie ,Coupling – Wer mit wem?' (Erstausstrahlung 2000 bis 2004).

2 Der ,Weise' ist natürlich Steve Taylor, eine der sechs Hauptfiguren in der Serie ,Coupling – Wer mit wem?'. Wer die Serie kennt, hat jetzt bestimmt auf Jeffrey ,Jeff' Murdock getippt. ☺

3 Diesmal tatsächlich Jeff Murdock (siehe Anmerkung 2) in dem Dialog ,Wozu sind Kissen gut?' (siehe Anmerkung 1).

Fechsung 115

Deutung Vorname 14: Susanne

Schöne Namen kennt die Welt,

wenn auch nicht jeder gleich gefällt,

dann muss man weiter schmieden,

weil Geschmack ist halt verschieden.

Sehr schön ich find ‚Susanne‘,

er zieht mich in seinen Banne,

warum, ist mir nicht klar,

das ist ein jeder Logik bar.

Doch was tut er bedeuten,

der Name von diesen Leuten,

die nun ‚Susanne‘ heißen?

Das ich jetzt versuch zu gneißen.

Der Name schon sehr alt ist,

was ihr Leser sicherlich wisst,

Elamisch ist die Quelle,

Ursprung dieser Namenswelle.

Auch Hebräisch ist ein Keim,

dazu Ägypten zählt als Heim,

ja, er ist verbreitet weit,

räumlich, dazu durch lange Zeit.

Doch was ist des Namens Sinn,
welche Bedeutung steckt dort drin?
Ich werde es euch sagen:
‚Lilie‘ war’s in fernen Tagen.

Doch auch wenn das klingt sehr rein,
auch ‚Wasserlilie‘ kann es sein,
über die man ständig liest,
dass stirbt, wenn man davon genießt!

Dazu sie kann auch noch sein
voll Hinterlist und sehr gemein,
ließ manchen guten Schwimmer
ertrinken mit viel Gewimmer.

Drum der Name oftmals steht,
wenn’s um verletzte Liebe geht,
so äußern sich die Sagen
aus griechisch-römisch‘ Tagen.

Doch wer weiß das schon heute,
wohl nur eine Handvoll Leute,
die es nicht können lassen,
sich mit Namen zu befassen.

Viele Namen sind sehr schön,
doch innerlich ich fühl Gestöhn,
weil mich wird immer stören,
wenn dann Böses ich muss hören.

Dabei, ich tu euch schwören,
will nur Gutes ich doch hören,
rein die Namen sollen sein,
sein Inhalt immer gut und fein.

Fechsung 116

Sippungsausfall wegen Corona

Heute bleibe ich zu Haus,
denn die Sippung fällt ja aus,
was der Burgfrau nicht gefällt,
denn sie fühlt sich nun geprellt.

Weil sie nichts davon geahnt,
hat sie drum schon eingeplant
einen schönen Film für sich,
ganz allein und ohne mich.

Der Kunst ich muss entsagen,
die Schnulze nun ertragen,
nur um des Friedens willen
- ich könnt' das Virus killen!

Doch da stets ich friedlich bin,
nehme ich mein Schicksal hin,
schmiede nun in meinem Heim
in Gedanken diesen Reim.

Meine Frau ist hoch beglückt
und von mir gar sehr entzückt,
weil sie doch tatsächlich denkt,
ich sei in den Film versenkt.

Fechsung 117

Das Wort zum nächsten Tag:

Ein in den Raum geworfener Stuhl ist unproblematisch, nicht aber eine in den Raum geworfene Behauptung.

Weil es so schön war, gleich noch
Das Wort zum übernächsten Tag:

Die Kratzbürste von Mensch betrachtet sich als liebevolles Wesen, ihr Gegenüber sieht sie als Quälgeist.

Fechsung 118
Deutung Vorname 15: Eike

Heute schaue ich auf Eike,
mancher hört beim Sprechen Heike,
doch dann recht schnell ist jedem klar,
dass Eike ist als Name wahr.

Zudem der Name sehr gut klingt,
jede Silbe melodisch schwingt,
so dass die Damenwelt verzückt
gedanklich von der Welt entrückt.

Doch friedlich ist der Name nicht,
seine Bedeutung lautet schlicht
‚Spitze', ‚Schwert' oder auch ‚Klinge',
was sind kriegerische Dinge.

Darum stellt sich mir die Frage,
was ist des Namens Grundlage,
dabei die Antwort ist nicht schwer,
vom Althochdeutschen kommt er her.

Dabei ‚Eike' ist die Kurzform,
‚Eckehard' und ‚Eilhard' die Norm,
doch sie alle einstmals kamen
vom Schwert, ‚Ekka' war sein Namen.

So der Name hat einst vereint
Kampf und Frieden, so es mir scheint,
zwei sehr gute Eigenschaften,
die ihm lange noch anhaften.

Zudem er war ein Kavalier,
das wusste jede Frau allhier,
drum geborgen sie sich fühlte,
wenn mit Charme er sie umspülte.

Doch wehe, wenn man ihn reizte,
dessen Wams mit Blut er beizte,
denn er war ein großer Kämpfer,
jeder Feind erhielt schnell Dämpfer.

Doch stammt das aus alten Zeiten,
heut wir lassen uns nicht leiten
von diesen Namensinhalten,
die herüber zu uns hallten.

Hat man in seinem Freundeskreis
einen Eike, dann jeder weiß,
dass sie gar immer fröhlich sind,
eilen herbei bei Not geschwind.

Der Namenssinn ist gar sehr alt,
lasst ihn vergessen uns recht bald,
das Kriegerische nicht mehr passt,
ist heutzutage eher Last.

Schauen wir uns den Menschen an,
was heut er macht und was er kann,
egal ob ‚Eike' oder ‚Finn',
das macht wohl sicher viel mehr Sinn.

Fechsung 119
Endlich ein Haarschnitt!

Seit mehr als einem Jahr grassierte das Coronavirus in der Welt. Zu seiner Bekämpfung wurde auch in diesem Lande zum wiederholten Male die Schließung vieler Geschäfte und sonstiger Gewerbebetriebe angeordnet. Damit kam alles Leben zum Stillstand. Alles? Nein, nur das in den Fußgängerzonen und in den Geschäften, denn die Haare auf meinem Kopf haben ein Eigenleben und lassen sich von keinem Politiker das Wachsen verbieten. Ich hatte sogar den Verdacht, dass sie in der Zeit der für die Wirtschaft verordneten Zwangspause das Tempo ihres Wachstums deutlich erhöht hatten. Normalerweise würde ich nach ein paar Wochen zum Friseur gehen und die Haare kürzen lassen, aber das war ja wegen der befohlenen Schließung der Friseursalons nicht möglich. Das Ergebnis war grauenhaft: Lange Haare, die sich zu allem Überfluss wegen einiger Wirbel auch noch erdreisteten, in verschiedene Richtungen vom Kopf abzustehen! Nur gut, dass viele Kollegen/-innen von zu Hause aus arbeiteten und ich ihnen den Anblick meiner wirren Haarpracht vorenthalten konnte – das ersparte mir sicher einige frotzelnde Kommentare.

Schließlich hatte der unhaltbare Zustand dann aber doch ein Ende: Mit der Öffnung der Friseursalons begann der Ansturm auf die Termine, und auch ich konnte mit sehr viel Glück einen ergattern. Beschwingt betrat ich zur vereinbarten Zeit den

Laden und nahm Platz. Es war ein wunderbares Gefühl, als die lange Mähne endlich fiel und mein Haupthaar erst langsam, dann immer zügiger wieder in Form gebracht wurde.

Schließlich war das Prozedere vorüber und mein Haar sah wieder so zivilisiert wie früher aus. Beim Verlassen des Salons fühlte ich mich einfach nur gut – dazu um ein paar Kilo Haare und ein kleines Vermögen leichter, denn der Preis für einen einfachen Haarschnitt hatte sich im Vergleich zur Zeit vor Corona verdoppelt. Mir war das in dem Moment egal, denn wichtig war, dass die Haarfülle wieder im Griff war. Angesichts der Kürze hatten die Haare vorerst keine Chance mehr, sich in diverse Richtungen zu erheben. Eine sehr schöne Aussicht, zumindest für die nächsten vier bis fünf Wochen. Leider fiel bereits am nächsten Tag die Temperatur und der Winter kehrte mit eisiger Kälte zurück. Nun wurde es auf dem Kopf etwas kühl, und die Haarpracht aus der Schließungsphase wäre schön gewesen. Nun hätte ich das tun können, was Menschen in solchen Situationen für gewöhnlich machen, nämlich mit dem Schicksal hadern. Zum Glück bin ich anders: Mir behagte die Kälte zwar auch nicht, aber dennoch ertrug ich sie mit stoischer Ruhe. Immerhin hatte ich einen Haarschnitt bekommen, wovon viele Kollegen/-innen noch weit entfernt waren. Die Folge war so mancher neidische Blick, aber das focht mich nicht an: Ich war einfach nur froh, endlich wieder einen Haarschnitt bekommen zu haben. Zudem ist ja laut Volksmund ein kühler Kopf etwas, das man bewahren sollte – und den hatte ich an den nächsten Tagen zur Genüge!

Fechsung 120
Neue Zielsetzung

Corona zieht im Land umher,
macht es dem Schwerenöter schwer,
denn weil alles geschlossen ist,
liegt mit dem Virus er im Zwist.

Er kann in kein Lokal mehr gehen,
auch an keiner Bar nun stehen,
sodass jetzt umschlägt seine Lust
in einen riesengroßen Frust.

Statt klug Frauen zu betören,
muss nun ‚Superstar' er hören,
dazu er lebt im Jetzt und Hier,
isst Fertigpizza, Chips, trinkt Bier.

So geht nun seine Laufbahn hin,
sein Leben verliert jäh den Sinn,
doch jetzt er schmiedet einen Plan,
schlägt ein eine ganz neue Bahn.

Will, sagt dieser unverhohlen,
auf den Platz von Dieter Bohlen,
dieser Job scheint ihm krisenfest,
doch er weiß nicht, ob man ihn lässt.

Das wird später er erst sehen,
denn er muss zum Casting gehen,
sich mit Frechheit, manchmal Mut
bemühen und schlagen recht gut.

Da die Show wie ein Dschungel ist,
die gern mal einen Juror frisst,
muss er zuerst ins Dschungelcamp
und werden dort der ‚Große Champ'.

Vielleicht bekommt er dann den Job
und ist im Fernsehen ‚on Top',
kann sich dann geben wie ein Pfau
und nerven dort so manche Frau.

Fechsung 121

Deutung Vorname 16: Brigitte

Ich kannte eine Brigitte,

die galt manchem als Xanthippe,

warum, das ist mir nicht bekannt,

sie war stets freundlich und wortgewandt.

Doch ihr Ruf war ganz hinüber,

doch da stand sie stets darüber,

sie war halt immer selbstbewusst,

verspürte darob niemals Frust.

Ich fand das stets bemerkenswert,

ihr Verhalten sie hat geehrt,

und da jetzt ich an sie denke,

ich den Blick nun auf sie lenke

Darob muss niemand haben Neid,

denn ich schaue schon lange Zeit

auf den Namen, nicht auf die Frau,

bin schließlich Dichter und kein Pfau.

Keine Zeit ich werd verschwenden,

mich dem Namen gleich hinwenden,

und voll Eifer danach trachten,

was die Namensgeber dachten.

Im Internet nach vielen Klicks
und mit Hilfe von ein paar Tricks,
hab ich den Sinn ganz klar vor mir,
schnell ausgedruckt liegt er nun hier.

Sofort ich lese mit viel Schwung,
der Name hat alten Ursprung,
er bei den alten Kelten liegt,
sodass bedeutsam er schwer wiegt.

‚Brigid', so heißt die Ursprungsform,
‚Brigantia' gilt auch als Norm,
daraus ‚Brigitte' dann entstand,
weil diese Form man schöner fand.

Doch vielleicht stimmt dies alles nicht,
ist der Sachverhalt eher schlicht,
von einer Heiligen er stammt,
‚Brigida von Kildare' genannt.

Doch wo der Ursprung nun auch ist,
ihr Leser all natürlich wisst,
dass die Bedeutung ist stets gleich,
auch wenn er ist an Formen reich.

‚Die Erhabene' ist der Sinn,
das steckt in ihrem Namen drin,
darauf ich war sogleich gefasst,
weil das zur Freundin halt gut passt.

So wie ertrug sie ihren Ruf
und damit ihren Nachruhm schuf,
war schon überaus erhaben,
im Sinn der keltischen Gaben.

Fechsung 122
Ein Ostergruß 2

Der Hase räkelt sich im Nest,
denn an steht nun das Osterfest,
darum er hat in letzter Zeit
nicht viel frei, dafür viel Arbeit.

Doch fein, sein Werk ist nun vollbracht,
weshalb der Menschen Herz laut lacht,
überall jetzt liegen Eier,
pünktlich zu der Osterfeier.

Während leckre Speisen garen,
hat man Freude an Süßwaren,
überall herrscht gute Laune,
im Haus, dem Garten und am Zaune.

Da ich will mich nicht verschließen,
lasse diesen Gruß drum sprießen,
wünsche Dir zum Osterfeste
ganz viel Gutes, nur das Beste!

Fechsung 123
Auf Ostern folgt Weihnachten

Das Osterfest ist nun vorbei,
die Hasen haben endlich frei,
auch freuen sich die Hühner sehr,
keiner braucht bunte Eier mehr.

Doch Menschen Weihnachten schufen,
nun sind die Rens auf den Hufen,
denn ab September geht es los,
dann sieht man Weihnachtsmänner bloß.

Das ist mir alles ganz egal,
denn Geldverdienen ist legal,
darob bekomm ich keine Wut,
weil Nougat schmeckt mir viel zu gut.

Eine ganz besondre Sorte
ich bei mir zu Hause horte,
denn nach Ostern muss ich schmachten,
auf sie warten bis Weihnachten.

In den Geschäften führt man es,
weil es speziell ist, ganz Noblesse,
nur zu ganz bestimmten Zeiten,
im Regal auf langen Weiten.

Doch es dauert ja nicht lange,
nach Ostern, ich bin nicht bange,
geben die Händler keine Ruh,
geht es schnell auf Weihnachten zu,

Über der Packung Farbenpracht
hab ich schon immer laut gelacht,
mir kommt es auf den Inhalt an,
egal, was für ein Fest ist dran.

So ich find es kann nicht schaden,
wenn man früh schon in dem Laden
schnell rüstet für das nächste Fest,
bevor verbrauch ich meinen Rest.

So mancher findet das nicht gut,
doch lobe ich der Händler Mut,
denn auch wenn es ist verdrießlich,
will ich Nougat haben schließlich.

Fechsung 124

Weisheit des Monats:

Zwistigkeit

So mancher Mann fährt gern in die Sonne,

verkauft der Frau es als reine Wonne,

doch wehe, wenn das Weib dann richtig bockt,

weil er Bikinifrauen ständig lockt!

Fechsung 125

Das Wort zum nächsten Tag:

Will der Nachbar einen Streit,

bin ich gern dazu bereit,

doch muss der Grund sich lohnen,

sonst werde ich mich schonen.

Fechsung 126

Haibun der Woche

Sport trotz Corona

Während der Corona-bedingten Schließungen der Sportanlagen, Fitnessstudios und vergleichbarer Orte können Hobbysportler nicht mehr ihrem Freizeitsport frönen. Alle Sportler? Nein, eine kleine Gruppe kann ihre Sportart trotzdem ausüben, nämlich die Schachspieler! Das Zauberwort heißt Fernschach und ist keine neue Erfindung, sondern existiert schon seit Jahrzehnten.

Eine Partie Schach
ist auch auf Distanz möglich.
Fernschach per E-Mail.

Fechsung 127
Deutung Vorname 17: Alf

Es gibt die Sprache von alters her,
mal ist sie leicht, zuweilen auch schwer,
doch egal, was wir nun empfinden,
sie wird nicht aus der Welt verschwinden.

Althochdeutsch ist so eine Mundart,
die man kaum kennt in der Gegenwart,
dabei beherrscht sie uns noch immer,
weist auf in unsrer Sprache Schimmer.

Zudem auch viele Namensformen
entstammen alten Wörternormen,
das ist uns heute kaum mehr bekannt,
wir wissen nicht, wonach wir benannt.

Auch ‚Alf' ist einer dieser Namen,
wo man nicht weiß, woher sie kamen,
drum ich sehe mir das nun mal an,
schau, ob ich etwas erfahren kann.

Die Suche beginnt im Internet,
zum Glück dafür ich hab eine Flat,
und so vergeht viel Zeit mit Suchen,
oft begleitet von etwas Fluchen.

Also ich über Seiten fahre,
mir manchmal raufe meine Haare
und immer wieder Tasten drücke,
hoffend, dass mir die Forschung glücke.

Endlich, es ist schon spät in der Nacht,
hab ch doch wirklich mein Werk vollbracht,
mich nicht lange unnütz geschunden,
sondern ‚Alfs' Bedeutung gefunden!

Danach ich habe viel geschlafen,
weil Morpheus Wege meinen trafen,
so ich komme erst heute dazu,
euch zu berichten von meinem Coup.

‚Alf' geht zurück auf althochdeutsch ‚Alb',
was nicht das Gleiche ist wie eine Alp,
denn zu einer Alm man dieses sagt,
sodass zu Recht ihr nach ‚Alb' nun fragt.

Ich hoffe, dass du vor Schreck schreist,
denn ‚Alb' meint ‚Elf', einen Naturgeist,
zumindest ein gespenstisch' Wesen,
so überall man kann es lesen.

Diese Bedeutung ist der Samen
in ‚Alf', ‚Alfred' und andren Namen,
doch das muss ja nun nichts Böses sein,
denn manchmal auch trügt der erste Schein.

Auch Dryaden Naturgeister sind,
oft unsichtbar und schnell wie der Wind,
sie wollen den Menschen nichts antun[1],
einfach nur in ihren Bäumen ruh'n.

Es also auch gute Geister gibt,
die ein jeder Mensch von Herzen liebt,
was beim Namen ‚Alf' vielleicht der Grund,
warum er entfuhr der Eltern Mund.

Wenn das Kind als Baby lieblich war,
war sich einige die Verwandtenschar,
ihn nach einem Geist zu benennen,
der gut ist und den alle kennen.

Doch all das ist heute unbekannt,
weil zerrissen zur Natur das Band,
Vergangenes heute nicht mehr viel zählt,
der Name wird wohl aus Spaß gewählt.

Anmerkung

1 Zumindest nicht, solange man keinen Baum grundlos angreift, vgl. Fechsung 4 ‚Ballade von der alten Eiche'. In: Ich grüße den Uhu, Fechsungen für die Schlaraffia'.

Fechsung 128
Deutung Vorname 18: Dagobert

Gestern bin ich auf dem Speicher gewesen,
habe Comics gefunden, darin gelesen,
dabei die Zeit vergessen, ganz unbeschwert,
bei den Geschichten von Onkel Dagobert.

Im Original wird er zwar ‚Scrooge' genannt,
davon man hat sich hier jedoch abgewandt,
so wie man es kennt von andren Namen auch,
heute Unsitte, damals normaler Brauch.

Während ich verzückt beim Comiclesen bin,
kommt mir jählings eine Frage in den Sinn,
nämlich die nach des Dagoberts Namenskern,
doch leider bin ich der Antwort noch sehr fern.

Sogleich es geht an den Computer geschwind,
nur gut, dass wir Kinder des Internets sind,
es geht rasend schnell, es dauert nicht lange,
schon habe ich Auskunft von hohem Range.

Der Name kann durchaus Westgermanisch sein,
doch vielleicht passt er auch beim Keltischen rein?
Wie dem auch sei, der Ursprung ist nicht wichtig,
Hauptsache ist, die Bedeutung ist richtig.

Im Westgermanischen, für den, der es mag,
heißt ‚Dagobert' einfach ‚Glänzend wie der Tag',
was für uns heute gar lieblich und rein klingt,
als ob ein Hauch von Arkadia[1] mitschwingt.

Aus dem Keltischen der Sinn ganz ähnlich klingt,
‚dago' für ‚gut' aus der Ferne zu uns dringt,
dazu kommt dann noch ‚beryto' für ‚glänzend',
seinen Träger stets positiv bekränzend.

Da es die Comicfigur stets drängt zum Gold
und sie ist diesem vor allem andren hold,
scheint mir der Name für die Figur Programm,
zumal sie ist immer reich und niemals klamm.

Anmerkung

1 Arkadia oder Arkadien bezieht sich auf den Mythos von der dorti-
gen Hirtenidylle und einem Leben in Harmonie mit der Natur. Es ist
der poetisch geschaffene Begriff für die idyllische Vision von unbe-
rührter Natur, vgl. Wikipedia, Suchbegriff ‚Arkadien (Mythos)', zuletzt
eingesehen am 09.04.2021.

Fechsung 129

Spuk im Landratsamt[1]

Es war einmal ein fleißiger Beamter, der in einem kleinen Landratsamt seinen Dienst verrichtete. Bei seinen Kollegen galt er als fachlich kompetent und bei der Wahrnehmung seines Dienstes als überaus korrekt. Manche bezeichneten ihn auch als ausgesprochen penibel. Der kleine Beamte war jedoch von seiner Einstellung so überzeugt, dass er seine Kollegen mit langen Reden für seine Arbeitsweise zu gewinnen versuchte. Die aber konnten seine endlosen Ausführungen irgendwann nicht mehr hören und verließen fluchtartig den Raum, sobald er Luft für einen seiner berüchtigten Monologe holte. So kam es, das der kleine Beamte für eine bessere Welt kämpfte, ihm aber niemand mehr zuhören wollte.

Die Jahre vergingen, und eines Tages raffte ihn auf dem Weg von der Arbeit ein Herzinfarkt dahin. Der kleine Beamte hielt seinen Tod für verfrüht und beschwerte sich bei der ,Himmlischen Einwanderungsbehörde ehemals lebender Personen (Heelp)'. Dort stellte man fest, dass dem Außendienstmitarbeiter Sensenmann ein Fehler unterlaufen war: Statt des kleinen Beamten sollte er einen Bankier abholen. Die Heelp versuchte, dem Verstorbenen die Zuwanderung in den Himmel mit einigen Vergünstigungen schmackhaft zu machen, aber der kleine Beamte fand in der vieltausendseitigen Vorschrift eine Ausnahmeregelung für Seelen, die ohne eigenes Verschulden aus der Mitte eines Arbeitsprozesses gerissen worden waren,

146

den es noch abzuschließen galt. Sofort beanspruchte er diese Regelung für sich. Die Heelp hatte keine andere Möglichkeit, als ihn wieder in die Welt der Lebenden zu entlassen. Weil er aber für seine Umwelt als tot galt, gab es nur die Möglichkeit, ihn als Gespenst mit einer mindestens hundertjährigen Geistzeit zurückzusenden. Dabei wurde es ihm zur Bedingung gemacht, sich den Lebenden niemals zu zeigen oder anderweitig zu erkennen zu geben. Einzig das Rasseln mit Ketten war ihm, einer alten Tradition folgend, erlaubt. Leider konnte man ihm dieses Arbeitsgerät wegen einer gerade laufenden Sparmaßnahme nicht mitgeben. Man machte ihm klar, dass ein Verstoß gegen die Auflagen ewiges Umherirren zur Folge haben würde.

Der kleine Beamte stimmte sofort zu und kehrte als Gespenst in sein geliebtes Landratsamt zurück. Dort griff er immer wieder seinen Kollegen unter die Arme, in dem er Gesetzesbücher wie zufällig an der richtigen Stelle aufgeschlagen liegen ließ oder heimlich die Computertastatur bediente. Den Leuten wurde es unheimlich, aber niemand vermochte die Ursache dafür zu benennen.

Mit der Zeit sah das Gespenst ein, dass es in der Welt der Lebenden nicht mehr viel ausrichten konnte. Eines Tages beschloss es daher, sich auf den Dachboden des Landratsamtes zurückzuziehen und das Verstreichen seiner restlichen Geistzeit abzuwarten. Lange währte seine Ruhe jedoch nicht, denn es wurde ein neuer Landrat gewählt, der sofort viele Ideen hatte.

Eine davon war die Idee vom ‚papierlosen Büro‘: Von Stund an wollte man keine Akten mehr in Papierform haben, sodass auch die alten Bestände digitalisiert werden sollten. So kam es, dass eines Tages eine Gruppe von Beamten den Dachboden aufsuchte, um die dort eingelagerten Aktenbestände für die Computererfassung vorzubereiten. Dabei störten sie die Ruhe des Gespenstes. Dieses hatte es sich gerade wegen der vielen staubigen Akten, die es zum Teil als Lebender bearbeitet hatte, auf eben jenem Dachboden bequem gemacht. Beim Lesen seiner alten Akten schwelgte es in Nostalgie. Anfangs versuchte das Gespenst die Eindringlinge zu ignorieren, aber das war nicht möglich. Zudem war seine Neugierde geweckt worden, denn aus den belauschten Gesprächen ergab sich für ihn kein Sinn für die Aktion. Also begab es sich in die Büros der Führungskräfte und hörte sich dort um. Was das Gespenst dort erfuhr, hätte ihm den Atem verschlagen, wenn es denn wie ein Sterblicher hätte atmen müssen: Das ‚papierlose Büro‘ war nur die Vorbereitung für die Bildung einer großen Region, in der viele kleine Kommunen aufgehen sollten! Die Belegschaft ließ man über dieses Ziel natürlich im Unklaren, man hatte ihnen etwas von ‚neuen innovativen Ideen‘ und ‚technischem Fortschritt‘ erzählt.

Das Gespenst war über diese Zukunftsaussichten entsetzt. Es fürchtete nämlich, dass sein geliebtes Landratsamt im Zuge der Regionsbildung schließen müsste. Das würde jedoch bedeuten, dass seine sterblichen Kollegen zukünftig weite Anfahrtswege zu ihrer neuen Dienststelle haben würden und zudem der enge Kontakt zur Bevölkerung verloren gehen könnte.

Gerade als das Gespenst seine noch lebenden Kollegen auf die drohenden Veränderungen aufmerksam machen wollte, fiel ihm ein, dass es sich keinem Sterblichen zeigen oder sich ihnen bemerkbar machen dufte. Nur das Rasseln mit einer rostigen Kette war ihm erlaubt. Sofort kehrte es auf den Dachboden zurück und suchte eine Kette, die es dort vor langer Zeit gesehen hatte. Nach langem Suchen fand es sie endlich und begann sofort, damit einen Heidenlärm zu veranstalten. Seine sterblichen Kollegen flohen jedoch nicht voller Entsetzen, sondern rissen Witze über das Rasseln. Es war offensichtlich, dass ihnen der Spuk von und mit traditionellen E e-menten nichts ausmachte. Außerdem war das Schwingen der Kette ziemlich anstrengend, und nach ein paar Minuten war das Gespenst völlig ermattet.

‚Was soll ich nur machen?', fragte sich das Gespenst verzweifelt. Schon war mehr als die Hälfte des Aktenbestandes digitalisiert, das befürchtete Unheil schien unaufhaltsam seinen Lauf zu nehmen. Da erinnerte sich das Gespenst an seine alten Ideale: „Was ist schon der Einzelne, wenn es um die gesamte Gesellschaft geht?", fragte es laut. Dann fiel ihm ein, dass es nicht alleine auf dem Dachboden war. Rasch blickte es sich um: Die Sterblichen waren in ihren Bewegungen erstarrt.

„W-W-Was war das gerade?", fragte ein noch sehr junger Beamter.

„Keine Ahnung, vielleicht der Wind", antwortete sein Kollege, „Manchmal fängt er sich unter den Dachziegeln und verursacht komische Geräusche."

„Nein", rief das Gespenst und zeigte sich diesmal, „nicht der Wind spricht zu euch, sondern ich!" Dann setzte es zu einem Monolog über die Pläne der Führungsriege an. Die Sterblichen waren kalkweiß im Gesicht. Noch während die ersten Worte des Monologes durch den Dachboden hallten, erwachte auch der Trägste der Sterblichen aus seiner Starre und strebte eilig dem Ausgang entgegen. Das Gespenst verfolgte sie jedoch, und weil es durch Wände gehen konnte, war es immer dicht bei ihnen. Dabei redete es unablässig auf seine lebenden Kollegen ein, die jedoch nicht zuhörten, sondern schnurstracks durch die Büros liefen. Dabei riefen sie immer wieder: „Ein Geist, ein Geist – er ist hinter uns her!"

Das Gespenst redete in beschwörendem Tonfall auf seine sterblichen Kollegen ein. Zu seinem Entsetzen hörte ihm aber niemand zu, alle waren viel zu erschrocken von seiner Erscheinung. Als ein paar ältere Kollegen hinzukamen, die das Gespenst noch aus der Zeit seiner Sterblichkeit kannten, wurde es erst richtig hektisch: „Das ist Walter!", schrieen sie, „Und er hält wieder Monologe!"

Alles lief nun durcheinander, im Landratsamt brach ein unglaubliches Chaos aus.

Das Gespenst erkannte, dass ihm wie zu Lebzeiten keiner zuhören wollte. Also beschloss es, sich an die Führungsriege zu wenden. Diese traf es in einem Besprechungsraum an, wo sie sich gerade mittels Laptop und Beamer eine bunte Präsentation zum Thema Qualitätssteigerung ansahen. Das Gespenst zog den Stecker, und die Bilder verschwanden von der Leinwand. Dann trat es in den Lichtstrahl und begann einen langen Monolog über die Qualität guter Arbeit dank Ortsnähe und wetterte gegen die Regionsbildung. Es dauerte auch hier nicht lange, bis die Leute die Flucht ergriffen. Das Gespenst schwebte hinter dem Landrat und dessen engsten Vertrauten her und redete weiter. Nachdem es seinen Vortrag über die Regionsbildung abgeschlossen hatte, begann es, über die Vorteile von Papierakten und dem Dienst an der Gesellschaft zu referieren. Daran schloss es nahtlos einen langen Monolog gegen das Karrierestreben zu Lasten der gesellschaftlichen Interessen an. Es waren lange Monologe, sehr lange! Anders als zu seinen Lebzeiten konnte man nicht einfach den Raum verlassen, denn als Geist konnte es durch Wände gehen, sodass niemand seinen Vorträgen entkommen konnte!

Die Verwaltungsführung sowie die Belegschaft ließen sich in den folgenden Wochen viel einfallen, um das Gespenst loszuwerden: Knoblauchzehen wurden aufgehängt, Beschwörungsrituale abgehalten, ja, sogar einen Exorzisten ließ man kommen. Manche Beamten besorgten sich nach der Lektüre von Gespenstergeschichten Holzpflöcke, aber sie hatten nicht bedacht, dass sie es mit einem Gespenst und nicht mit einem Vampir zu tun hatten. Auf dem Höhepunkt des Spuks besorgten sich einige Bedienstete Pistolen mit geweihten silbernen Kugeln. Diese Maßnahme wäre allerdings auch nur für Vampire gefährlich gewesen, für das Gespenst war sie dagegen harmlos. Im Gegensatz zu seinen sterblichen Kollegen, denn da die Kugeln durch das Gespenst hindurchgingen, kam es zu Querschlägern und zu gefährlichen Situationen für manchen Sterblichen.

Nachdem es Verletzte gegeben hatte, verbot der Landrat jegliche Maßnahmen, um das Gespenst zu vertreiben. Stattdessen versuchte er es mit Konfliktmanagement und lud das kleine Gespenst zu einem Austausch der Positionen ein. Der Dialog beanspruchte mehrere Tage. Am Ende kam man überein, dass der Landrat intensiv für den Erhalt des kleinen Landratsamtes eintreten und sich vehement gegen die Regionsbildung wehren würde. Im Gegenzug verpflichtete sich das Gespenst, sofort mit seinen Monologen und etwaigem anderen Spuk aufzuhören. Nachdem man eine entsprechende Vereinbarung abgeschlossen hatte, kehrte in dem kleinen Landratsamt wieder Ruhe ein: Die Beamten gingen wieder ihren Dienstgeschäften nach, das Gespenst zog sich auf den Dachboden zurück und machte es sich in dem deutlich reduzierten Bestand von Papierakten bequem. Dort wurde ihm dann bewusst, dass es zum ersten Mal während seiner Existenz eine Regel gebrochen hatte. Nun war es wegen seines Einsatzes für das kleine Landratsamt zu ewigem Umherirren verdammt. Ein hoher Preis, aber dem Gespenst war es die Sache wert. Und wenn es nicht doch noch erlöst worden ist, sitzt es noch immer auf dem Dachboden des kleinen Landratsamtes und liest in seinen alten Akten.

<u>Anmerkung</u>

1 Hierbei handelt es sich um eine überarbeitete und leicht gekürzte Fassung von: Antje Spiller/Gerhard A. Spiller: Spuk im Kreishaus, die im Jahre 2009 geschrieben worden ist. Ich widme sie meinem früheren Kollegen Walter Sch.

Fechsung 130
Es geht wieder aufwärts!

Am Ende von dem Ostermond
endet für uns ganz ungewohnt
die sonst so schöne Winterung
ohne den sippungseignen Schwung.

In unsrer letzten Sippungszeit
wir konnten leider weit und breit
weder sippen, singen, fechsen,
noch in unser Schmierbuch klecksen.

Wie ich nun aus dem Fenster schaue,
kaum ich meinen Augen traue,
denn endlich ist der Frühling da,
dazu der Sommer auch schon nah.

Drum lasst uns kommen schnell in Schwung
in dieser neuen Sommerung
und sogleich und ohne Zagen
wieder schöne Treffen wagen.

Dabei, ich sage es ganz schlicht,
wird stören uns Corona nicht,
denn seine Herrschaft ist grad aus,
weil ihm die Wärme ist ein Graus.

Also lasst uns nicht lang warten
und die Krystallinen starten,
denn wir wollen Spaß nun haben,
uns an Freundschaft gründlich laben.

Genießen wir den Sonnenschein
bei guter Laune, gutem Wein,
dazu wir rufen laut uns zu:
„Ehe!" und preisen den Uhu.

Fechsung 131

Ein kleiner Rat:

Riecht es in Nachbars Garten gut,

heizt er wohl an des Grilles Glut.

Greif schnell dir drum zwei Flaschen Bier,

geh zügig rüber, bleib nicht hier.

Fechsung 132

Urlaubsplanung

Sommer, Wärme und Sonnenschein

lieben wir alle, Groß wie Klein,

doch muss es sein ein jedes Mal

das Peiner Land im Fuhsetal!

Fechsung 133

Das schönste Reiseziel

Laut ich rufe jetzt „Hurra!",,
denn der Sommer ist nun da,
somit auch die Reisezeit,
die zieht manchen fort ganz weit.

Aber warum muss das sein,
unsre Gegend ist doch fein?
Darum sag ich mit Verstand:
„Fahrt zu uns ins Peiner Land!"

Willst einen Strand du haben,
kannst du hier dich daran laben,
fahr bei uns zum Eixer See,
ignoriere dein Fernweh!

Willst du lieber Berge sehn,
kannst auf den Luluberg du gehn,
die Aussicht von dort droben
kann tüchtig man nur loben.

Freilich haben wir auch Wald,
teils ganz neu, teilweise alt,
darin lebt so manches Tier,
sogar Wölfe gibt es hier.

Auch die Kunst findet man oft,
viel mehr, als man sich erhofft,
darum Peine ist ein ‚Muss',
will man frönen Kunstgenuss.

Willst du aber sportlich sein,
lädt der Golfclub dich gern ein,
doch soll es lieber klein sein,
geh beim Minigolf halt rein.

Mancher spürt auch einen Drang
nach der fremden Sprachen Klang,
gewiss es so was hier auch hat,
besonders in der Südstadt.

Sicher liegt es auf der Hand,
dass es gibt im Peiner Land
Kultur in vielerlei Form,
klassisch oder ohne Norm.

Schöne Häuser und Museen
kann man überall hier sehn,
dazu dauernd man auch spürt,
dass Geschichte uns berührt.

Freilich gibt es noch viel mehr,
was erfüllet dein Begehr,
doch der Platz reicht leider nicht,
drum muss enden ich ganz schlicht.

Fazit:

Warum also fahren weit,
wenn du hast in kurzer Zeit
hier bei uns im Peiner Land
Gutes viel aus einer Hand?

Darum, ihr lieben Leute,
eilt euch und bucht noch heute
die Gegend ohne Makel,
das rät euch Kritzel-Krakel.

Bonusmaterial[1]

Die Rache von Klabautermann junior

Vor Aufregung konnte ich nicht schlafen,
denn später es ging nach Bremerhaven,
ins schöne Schlaraffenreych Waterkant,
um so zu beleben der Freundschaft Band.

Turney um die Klabautermannkette,
den Siegeslorbeer ich gerne hätte,
drum die Geschichte vom Klabaut ich nahm,
durch den unser Bund erst zustande kam.

Gar wunderschön die ganze Sippung war,
die Fechser brachten gute Texte dar,
gesiegt habe ich bei dem Turney nicht,
doch mir zum Feind gewonnen einen Wicht.

„Du bist gemein, gabst mich dem Spotte preis",
murmelte Klabaut vor sich hin ganz leis,
„tatest geben meine Seekrankheit kund,
dafür sollst du büßen, du frecher Hund!"

Kurz vor meinem Hotel, da schlug er zu,
erschaffte unter mir Glatteis im Nu,
ich war arglos und fiel prompt darauf rein,
ich stürzte und brach mir das Wadenbein.

Das war nicht schön, sorgte für viel ‚O weh!",
ich musste erdulden eine OP,
es gab eine Platte, kaum zu glauben,
die ward gehalten von sieben Schrauben.

Meine Fechsung war nicht böse gemeint,
doch machte sie mir den Klabaut zum Feind,
heute zu kommen fiel mir daher schwer,
doch hoffe ich, Klabaut grollt mir nicht mehr.

Anmerkung

1 Hierbei handelt es sich um die Beschreibung eines Sturzes nach Beendigung der 2554. Sippung des Reyches Waterkant am 22. im Eismond a.U. 161. Zur Fechsung siehe Fechsung 65 in diesem Band. Die im Gedicht erwähnte Platte befindet sich mit den Schrauben noch immer im Bein.

Anmerkungen zu den Fechsungen

Fechsung 54: Erstmals gefechst bei der 1264. Sippung der Schlaraffia Kaiserpfalz am 27. im Lenzmond a.U. 160 zum Thema 'Minneturney'.

Fechsung 55: Erstmals gefechst bei der 1719. Sippung der Schlaraffen Cell-Erika vom 29. im Lenzmond a.U. 160 zum Thema 'Bögeholziade'.

Fechsung 56: Erstmals gefechst bei der 3693. Sippung der Brunsviga am 04. im Ostermond a.U. 160 zum Thema ,Braunschweiger Geschichtung und Originale'.

Fechsung 57: Erstmals gefechst bei der 2987. Sippung in der Hildesia am 07. im Lethemond a.U. 160 zum Thema ,Eilt herbei, wir sippen wieder!'

Fechsung 58: Erstmals gefechst bei der 2636. Sippung des Castellum Peinense am 08. im Lethemond a.U. 160. Bei dieser Sippung war kein Thema vorgegeben.

Fechsung 59: Erstmals gefechst bei der 2640. Sippung des Castellum Peinense am 05. im Windmond a.U. 160. Bei dieser Sippung war kein Thema vorgegeben.

Fechsung 60: Erstmals gefechst bei der 2992. Sippung in der Hildesia am 11. im Windmond a.U. 160 als Beitrag zum Turney um die 'Kette der Perle von Niedersachsen'.

Fechsung 61: Erstmals gefechst bei der 1732. Sippung in der Cell-Erika am 06. im Christmond a.U. 160 zum Thema ,Geister- und Gespenstergeschichten'.

Fechsung 62: Erstmals gefechst bei der 3706. Sippung der Brunsviga am 12. im Christmond a.U. 160 zum Thema ,Geschenktipps für die Burgfrau'.

Fechsung 63: Erstmals gefechst bei der 100. Sippung der Gorlitia am 11. im Eismond a.U. 161 zum Thema ,Internationaler Dankeschön-Tag, Wem sagen wir heute Danke?'

Fechsung 64: Erstmals gefechst bei der 2649. Sippung des Castellum Peinense am 21. im Eismond a.U. 161. Bei dieser Sippung war kein Thema vorgegeben.

Fechsung 65: Bei diesem Text handelt es sich um eine gekürzte und leicht überarbeitete Fassung von Fechsung 50.1 (in ,Ich grüße den Uhu' enthalten). Die neue Fassung wurde erstmals gefechst bei der 2554. Sippung der Waterkant am 22. im Eismond a.U. 161 als Beitrag zum ,Turney um die Klabautermannkette'.

Fechsung 66: Musikalische Welturaufführung gefechst bei der 2653. Sippung des Castellum Peinense am 18. im Hornung a.U. 161 zum Thema ,Die Barumer Moor-Gilde tagt'. Gesang: Ritter Seng-krates, Musik: Ritter Zauberklang, beide aus dem Reych Cell-Erika.

Fechsung 67: Erstmals gefechst bei der 2654. Sippung des Castellum Peinense am 25. im Hornung a.U. 161. Bei dieser Sippung war kein Thema vorgegeben.

Fechsung 68: erstmals gefechst bei der 1742. Sippung in der Cell-Erika am 28. im Hornung a.U. 161 zum Thema ,Bögeholziade'.

Fechsung 69: Erstmals gefechst bei der 2656. Sippung des Castellum Peinense am 10. im Lenzmond a.U. 161 zum Thema ,Man muss dankbar sein für alles, was in den Humpen kommt'. Erster Abdruck in: Junker- und Knappenpost, Sendbote aufgrund der Cor-OHO-na-Sippungspause, Nr. 2 vom 29. im Lenzmond a.U.161, Internetveröffentlichung, S. 4.

Fechsung 70: Erster Abdruck in: Junker- und Knappenpost, Sendbote aufgrund der Cor-OHO-na-Sippungspause, Nr. 3 vom 03. im Ostermond a.U.161, Internetveröffentlichung, S. 3.

Fechsung 71: Als Ostergruß des Jahres a.U. 161 an befreundete Sassen versandt, da wegen der Corona-Krise viele Sippungen ausgefallen sind.

Fechsung 72: Als Gruß zum Pfingstfest des Jahres a.U. 161 an befreundete Sassen versandt, da wegen der Corona-Krise nach vielen Sippungen auch zahlreiche Krystallinen ausgefallen sind.

Fechsung 73: Erster Abdruck in: Junker- und Knappenpost, Sendbote aufgrund der Cor-OHO-na-Sippungspause, Nr. 8 vom 15. im Lethemond a.U.161, Internetveröffentlichung, S. 16.

Fechsung 74: Gefechst in der angesichts der Corona-Krise eingerichteten virtuellen Rostra auf der Internetseite der Schlaraffia Castellum Peinense am 22. im Windmond a.U. 161.

Fechsung 75: Gefechst in der angesichts der Corona-Krise eingerichteten virtuellen Rostra auf der Internetseite der Schlaraffia Castellum Peinense am 22. im Windmond a.U. 161.

Fechsung 76: Gefechst in der angesichts der Corona-Krise eingerichteten virtuellen Rostra auf der Internetseite der Schlaraffia Castellum Peinense am 22. im Windmond a.U. 161.

Fechsung 77: Gefechst in der angesichts der Corona-Krise eingerichteten virtuellen Rostra auf der Internetseite der Schlaraffia Castellum Peinense am 30. im Windmond a.U. 161.

Fechsung 78: Gefechst in der angesichts der Corona-Krise eingerich-
teten virtuellen Rostra auf der Internetseite der Schla-
raffia Castellum Peinense am 30. im Windmond a.U.
161.

Fechsung 79: Gefechst in der angesichts der Corona-Krise eingerich-
teten virtuellen Rostra auf der Internetseite der Schla-
raffia Castellum Peinense am 05. im Christmond
a.U.161.

Fechsung 80: Gefechst in der angesichts der Corona-Krise eingerich-
teten virtuellen Rostra auf der Internetseite der Schla-
raffia Castellum Peinense am 05. im Christmond
a.U.161.

Fechsung 81: Gefechst in der angesichts der Corona-Krise eingerich-
teten virtuellen Rostra auf der Internetseite der Schla-
raffia Castellum Peinense am 09. im Christmond
a.U.161.

Fechsung 82: Gefechst in der angesichts der Corona-Krise eingerich-
teten virtuellen Rostra auf der Internetseite der Schla-
raffia Castellum Peinense am 09. im Christmond
a.U.161.

Fechsung 83: Erster Abdruck in: Allerwehr-Bote, WhatsApp-
Veröffentlichung der Cell-Erika aufgrund der Corona-
Sippungspause, Nr. 6 vom 11. im Christmond a.U.161.

Fechsung 84: Gefechst in der angesichts der Corona-Krise eingerich-
teten virtuellen Rostra auf der Internetseite der Schla-
raffia Castellum Peinense am 14. im Christmond
a.U.161.

Fechsung 85: Gefechst in der angesichts der Corona-Krise eingerich-
teten virtuellen Rostra auf der Internetseite der Schla-
raffia Castellum Peinense am 22. im Christmond
a.U.161.

Fechsung 86: erster Abdruck in: ‚Das Saltzkorn, Anti-Coronales Mit-
teilungsblatt des einzig wahren Saltzreyches im U-
huversum' des Reyches Auf der Heide, erschienen am
22. im Christmond a.U. 161, S. 3. Bei dem Text handelt
es sich um eine Variante von Fechsung 27, enthalten in
‚Ich grüße den Uhu'.

Fechsung 87: Gefechst in der angesichts der Corona-Krise eingerich-
teten virtuellen Rostra auf der Internetseite der Schla-
raffia Castellum Peinense am 28. im Christmond
a.U.161.

Fechsung 88: Gefechst in der angesichts der Corona-Krise eingerich-
teten virtuellen Rostra auf der Internetseite der Schla-
raffia Castellum Peinense am 28. im Christmond
a.U.161.

Fechsung 89: Gefechst in der angesichts der Corona-Krise eingerichteten virtuellen Rostra auf der Internetseite der Schlaraffia Castellum Peinense am 24. im Eismond a.U.162.

Fechsung 90: Gefechst in der angesichts der Corona-Krise eingerichteten virtuellen Rostra auf der Internetseite der Schlaraffia Castellum Peinense am 24. im Eismond a.U.162.

Fechsung 91: Gefechst in der angesichts der Corona-Krise eingerichteten virtuellen Rostra auf der Internetseite der Schlaraffia Castellum Peinense am 24. im Eismond a.U.162.

Fechsung 92: Gefechst in der angesichts der Corona-Krise eingerichteten virtuellen Rostra auf der Internetseite der Schlaraffia Castellum Peinense am 24. im Eismond a.U.162.

Fechsung 93: Gefechst in der angesichts der Corona-Krise eingerichteten virtuellen Rostra auf der Internetseite der Schlaraffia Castellum Peinense am 24. im Eismond a.U.162.

Fechsung 94: Gefechst in der angesichts der Corona-Krise eingerichteten virtuellen Rostra auf der Internetseite der Schlaraffia Castellum Peinense am 27. im Eismond a.U.162.

Fechsung 95: Gefechst in der angesichts der Corona-Krise eingerichteten virtuellen Rostra auf der Internetseite der Schlaraffia Castellum Peinense am 27. im Eismond a.U.162.

Fechsung 96: Gefechst in der angesichts der Corona-Krise eingerichteten virtuellen Rostra auf der Internetseite der Schlaraffia Castellum Peinense am 27. im Eismond a.U.162.

Fechsung 97: Gefechst in der angesichts der Corona-Krise eingerichteten virtuellen Rostra auf der Internetseite der Schlaraffia Castellum Peinense am 27. im Eismond a.U.162.

Fechsung 98: Gefechst in der angesichts der Corona-Krise eingerichteten virtuellen Rostra auf der Internetseite der Schlaraffia Castellum Peinense am 01. im Hornung a.U.162.

Fechsung 99: Gefechst in der angesichts der Corona-Krise eingerichteten virtuellen Rostra auf der Internetseite der Schlaraffia Castellum Peinense am 01. im Hornung a.U.162.

Fechsung 100: Gefechst in der angesichts der Corona-Krise eingerichteten virtuellen Rostra auf der Internetseite der Schlaraffia Castellum Peinense am 01. im Hornung a.U.162.

Fechsung 101: Gefechst in der angesichts der Corona-Krise eingerichteten virtuellen Rostra auf der Internetseite der Schlaraffia Castellum Peinense am 04. im Hornung a.U.162.

Fechsung 102: Gefechst in der angesichts der Corona-Krise eingerichteten virtuellen Rostra auf der Internetseite der Schlaraffia Castellum Peinense am 04. im Hornung a.U.162.

168

Fechsung 103: Gefechst in der angesichts der Corona-Krise einge-
richteten virtuellen Rostra auf der Internetseite der
Schlaraffia Castellum Peinense am 04. im Hornung
a.U.162.

Fechsung 104: Gefechst in der angesichts der Corona-Krise einge-
richteten virtuellen Rostra auf der Internetseite der
Schlaraffia Castellum Peinense am 15. im Hornung
a.U.162.

Fechsung 105: Gefechst in der angesichts der Corona-Krise einge-
richteten virtuellen Rostra auf der Internetseite der
Schlaraffia Castellum Peinense am 15. im Hornung
a.U.162.

Fechsung 106: Gefechst in der angesichts der Corona-Krise einge-
richteten virtuellen Rostra auf der Internetseite der
Schlaraffia Castellum Peinense am 16. im Hornung
a.U.162.

Fechsung 107: Gefechst in der angesichts der Corona-Krise einge-
richteten virtuellen Rostra auf der Internetseite der
Schlaraffia Castellum Peinense am 23. im Hornung
a.U.162.

Fechsung 108: Gefechst in der angesichts der Corona-Krise einge-
richteten virtuellen Rostra auf der Internetseite der
Schlaraffia Castellum Peinense am 01. im Lenzmond
a.U.162.

Fechsung 109: Gefechst in der angesichts der Corona-Krise einge-
richteten virtuellen Rostra auf der Internetseite der
Schlaraffia Castellum Peinense am 01. im Lenzmond
a.U.162.

Fechsung 110: Gefechst in der angesichts der Corona-Krise einge-
richteten virtuellen Rostra auf der Internetseite der
Schlaraffia Castellum Peinense am 06. im Lenzmond
a.U.162.

Fechsung 111: Gefechst in der angesichts der Corona-Krise einge-
richteten virtuellen Rostra auf der Internetseite der
Schlaraffia Castellum Peinense am 07. im Lenzmond
a.U.162.

Fechsung 112: Gefechst in der angesichts der Corona-Krise einge-
richteten virtuellen Rostra auf der Internetseite der
Schlaraffia Castellum Peinense am 20. im Lenzmond
a.U.162.

Fechsung 113: Gefechst in der angesichts der Corona-Krise einge-
richteten virtuellen Rostra auf der Internetseite der
Schlaraffia Castellum Peinense am 20. im Lenzmond
a.U.162.

Fechsung 114: Gefechst in der angesichts der Corona-Krise einge-
richteten virtuellen Rostra auf der Internetseite der
Schlaraffia Castellum Peinense am 20. im Lenzmond
a.U.162.

Fechsung 115: Gefechst in der angesichts der Corona-Krise einge-
richteten virtuellen Rostra auf der Internetseite der
Schlaraffia Castellum Peinense am 20. im Lenzmond
a.U.162.

Fechsung 116: Gefechst in der angesichts der Corona-Krise einge-
richteten virtuellen Rostra auf der Internetseite der
Schlaraffia Castellum Peinense am 26. im Lenzmond
a.U.162.

Fechsung 117: Gefechst in der angesichts der Corona-Krise einge-
richteten virtuellen Rostra auf der Internetseite der
Schlaraffia Castellum Peinense am 26. im Lenzmond
a.U.162.

Fechsung 118: Gefechst in der angesichts der Corona-Krise einge-
richteten virtuellen Rostra auf der Internetseite der
Schlaraffia Castellum Peinense am 26. im Lenzmond
a.U.162.

Fechsung 119: Gefechst in der angesichts der Corona-Krise einge-
richteten virtuellen Rostra auf der Internetseite der
Schlaraffia Castellum Peinense am 31. im Lenzmond
a.U.162.

Fechsung 120: Gefechst in der angesichts der Corona-Krise einge-
richteten virtuellen Rostra auf der Internetseite der
Schlaraffia Castellum Peinense am 31. im Lenzmond
a.U.162.

Fechsung 121: Gefechst in der angesichts der Corona-Krise einge-
richteten virtuellen Rostra auf der Internetseite der
Schlaraffia Castellum Peinense am 31. im Lenzmond
a.U.162.

Fechsung 122: Als Ostergruß des Jahres a.U. 162 an befreundete
Sassen versandt, da wegen der Corona-Krise viele Sip-
pungen ausgefallen sind.

Fechsung 123: Gefechst in der angesichts der Corona-Krise einge-
richteten virtuellen Rostra auf der Internetseite der
Schlaraffia Castellum Peinense am 07. im Ostermond
a.U.162.

Fechsung 124: Gefechst in der angesichts der Corona-Krise einge-
richteten virtuellen Rostra auf der Internetseite der
Schlaraffia Castellum Peinense am 07. im Ostermond
a.U.162.

Fechsung 125: Gefechst in der angesichts der Corona-Krise einge-
richteten virtuellen Rostra auf der Internetseite der

Schlaraffia Castellum Peinense am 07. im Ostermond a.U.162.

Fechsung 126: Gefechst in der angesichts der Corona-Krise einge-richteten virtuellen Rostra auf der Internetseite der Schlaraffia Castellum Peinense am 07. im Ostermond a.U.162.

Fechsung 127: Gefechst in der angesichts der Corona-Krise einge-richteten virtuellen Rostra auf der Internetseite der Schlaraffia Castellum Peinense am 07. im Ostermond a.U.162.

Fechsung 128: Gefechst in der angesichts der Corona-Krise einge-richteten virtuellen Rostra auf der Internetseite der Schlaraffia Castellum Peinense am 14. im Ostermond a.U.162.

Fechsung 129: Gefechst in der angesichts der Corona-Krise einge-richteten virtuellen Rostra auf der Internetseite der Schlaraffia Castellum Peinense am 14. im Ostermond a.U.162.

Fechsung 130: Erster Abdruck in: Allerwehr-Bote, WhatsApp-Veröffentlichung der Cell-Erika aufgrund der Corona-Sippungspause, Nr. 11 im Wonnemond a.U. 162.

Fechsung 131: Veröffentlicht in der Whatsapp-Gruppe ‚Celler Aller-wehr-Bote' der Cell-Erika am 01. im Erntemond a.U. 162. Ursprünglich geplant als ‚Wort zum nächsten Tag' wurde die Fechsung kurzfristig in eine Replik auf einen Beitrag des Ritters Seng-krates (346) umgewandelt.

Fechsung 132: Wie Fechsung 131, hier nur Antwort auf einen ande-ren Beitrag des Ritters Seng-krates (346).

Fechsung 133: Wie Fechsung 131, nur veröffentlicht am 14. im Ernt-emond a.U. 162.

Bonusmaterial: Der Text nimmt Bezug auf Fechsung 65 (in diesem Band enthalten). Bislang unveröffentlicht.

Was ist Schlaraffia?

Die Schlaraffia ist eine von Theaterleuten am 10. Oktober 1859 in Prag gegründete deutschsprachige Vereinigung von Männern zur Pflege von Kunst, Humor und Freundschaft. Von Prag ausgehend hat sich das schlaraffische Spiel rasch verbreitet, so dass sich die Vereinigung im Laufe der Jahrzehnte zu einem weltweiten Bund entwickelt hat.

Die in Europa von Anfang Oktober bis Ende April stattfindenden Zusammenkünfte werden ‚Sippungen' genannt und sind im Stile eines mittelalterlichen Rollenspiels als Persiflage auf die Eitelkeiten der Gesellschaft gehalten. Der Ablauf einer Sippung entspricht überall dem gleichen Muster.

Wenn Sie selbst gerne musizieren, dichten, rezitieren, komponieren oder anderen Künsten nachgehen und sich einige Stunden nicht über Politik, Beruf oder Religion unterhalten wollen, sollten Sie den Kantzler (sic!) des schlaraffischen Vereins in Ihrer Nähe kontaktieren. Er wird Ihnen das Wichtigste mitteilen und Sie herzlich willkommen heißen.

Nähere Informationen finden Sie auch unter www.schlaraffia.org, der Internetseite des Verbandes Allschlaraffia.

Vom gleichen Autor sind erschienen:

Elysische Impressionen, Ausgewählte Haiku.
ISBN 978-3-7392-6893-4

Sinnliche Holdseligkeit, Liebeslyrik in Form von Haiku.
ISBN 978-3-7412-7164-9

Ich grüße den Uhu, Fechsungen für die Sippungen der
Schlaraffia.
ISBN 978-3-7412-9363-4

Es schnurrt die Samtpfote, Haiku über Katzen und Kater.
ISBN 978-3-7519-0730-9

Impressionen des Seins, Lyrische Daseinsbetrachtungen.
ISBN 978-3-7519-8009-8

Kirschblüten im Eichenwald, Haiku im Zeichen der vier
Jahreszeiten.
ISBN 978-3-7519-7789-0

Der Minnesang des Frosches, Haiku über Frösche.
ISBN 978-3-7543-2254-3

Mitherausgeber der <u>Heinrich-Spiller-Werkausgabe</u>

(zusammen mit Gerhard H. Spiller und Elfriede Spiller)

Band 1: Schläsische Gedichte und Geschichten.

ISBN 978-3-7357-6755-4

Band 2: Hochdeutsche Gedichte und Geschichten.

ISBN 978-3-7386-8613-5

Band 3: Mein Heimatdorf und seine Umgebung.

ISBN 978-3-7392-7428-7

Band 4: Autobiographische Texte.

ISBN 978-3-7392-6079-2